E-SPORTS

TRAINING

MICHAEL ROSSI

Un video giocatore può considerarsi un atleta a tutti gli effetti?

Il mondo degli E-sports da anni è diventato un mercato miliardario, e la competizione tra i migliori giocatori del mondo è quantomeno spietata.

I vincitori dei più prestigiosi tornei diventano delle celebrità al pari delle stelle degli sport più conosciuti

La Scienza ci mostra come le abilità cognitive di un videogiocatore siano eccezionali, e le abilità necessarie per eccellere siano paragonabili agli sportivi di alto livello.

Questo libro ti propone un piano di allenamento supportato dalla ricerca scientifica per migliorare le tue abilità: Coordinazione, velocità di reazione, capacità cognitive e molto altro

Tuffati nel mondo dei videogiocatori professionisti, allenati come un campione e migliora le tue abilità

Buona fortuna!!!

INTRODUZIONE

Nell'era digitale di oggi, l'eSport è un nuovo genere di sport emergente, ampiamente discusso, ma soprattutto riconosciuto, che sta guadagnando sempre più interesse sociale, culturale, economico e scientifico (Hallmann e Giel, 2018).

Nel 2019 il mercato degli eSports ha raggiunto ricavi di oltre 1,1 miliardi di dollari a livello globale, pari ad un incremento di oltre il 25% rispetto al 2018.

Per quanto riguarda il numero di spettatori, le stime superano i 450 milioni di utenti divisi equamente tra appassionati dei videogame e pubblico occasionale.

Con l'ascesa dell'eSport ed il continuo emergere di leghe professionistiche è maturata una richiesta esponenziale di nuove attività di ricerca scientifica e di sviluppo mirate alla comprensione ed al supporto delle prestazioni e dei fattori legati alla salute che stanno alla base di questa professione.

Questo libro vuole esporre in generale quelli che sono i fattori caratterizzanti sia della prestazione che dell'attività degli eSports, per poi confrontare in maniera specifica l'attività degli sport da combattimento e quella degli eSports, dimostrando quelle che possono essere le similitudini o le differenze.

Successivamente, in base agli studi ed alle considerazioni fatte, verranno presentate ed analizzate delle proposte di allenamento comune fra gli eSports e Sport da Combattimento, dando prova che allenamenti con stimolazione congiunta cognitiva-fisica possono essere delle soluzioni di preparazione atletica efficace ed efficiente per gli eSport come per gli Sport da Combattimento.

CAPITOLO I

DEFINIZIONE DI ESPORT

Gli eSport sono piattaforme di gioco virtuali create mediante l'uso di sistemi elettronici o informatici e fondate sull'interazione "uomo-computer" o "uomo-macchina".

L'elemento competitivo sta alla base della stessa definizione di eSports: la sfida può avvenire tra un giocatore e un software o tra semplici giocatori, disposti in singolo o schierati in squadre alla conquista di un obiettivo comune.

La versione competitiva "uomo contro macchina/software" fa riferimento solo ed unicamente alla nascita degli eSports (1962-72) ed alle prime competizioni eSportive definite dai titoli arcade. Ad oggi sono centinaia i videogiochi che compongono il panorama eSportivo, dei quali esistono vari generi: 'Strategici' (RTS, real time strategy), i 'Picchiaduro' (fighting games), 'Sparatutto in prima persona' (FPS, first person shooter), giochi per computer 'Multigiocatore' (MOBA, multiplayer online battle arena), 'giochi di carte' (Card Game) virtuali e 'simulatori' di guida e di discipline sportive (Sports Games).

STORIA DEGLI ESPORTS

La storia degli eSports è facilmente tracciabile attraverso delle tappe ben definite:

La nascita:

Nel 1962 Steve Russel crea "SpaceWar", il primo "PvP" (Player versus Player) al quale è stato dedicato, nel 1972, il primo torneo eSportivo con montepremi costituiti solo da abbonamenti a riviste video-ludiche.

Nel 1980 assistiamo all'esplosione mediatica dell'eSports grazie all'enorme sviluppo dei titoli arcade (soprattutto grazie a "Pacman" e "DonkeyKong") ed alla nascita dei primi tornei itineranti.

Nel 1990 nasce il primo vero e proprio campionato itinerante con 29 tappe cittadine in tutti gli USA, che conducono alla finalissima di Los Angeles. Il successo del torneo è stato un momento nodale perché iniziò a far virare l'idea di eSport verso una competizione a sfondo sportivo grazie alla sua struttura ed alle sue caratteristiche: suddivisione in categorie di età (11; 12-17; 18+), svolgimento di un campionato a tappe; multidisciplinarità ed un elevato montepremi pari a 47 mila dollari.

La conferma:

Nel 1996 prende luce la prima edizione del "Quakecon" che presenta al suo interno il più grande torneo di "QuakeArena" e "Doom2" (FPS). In questa edizione il montepremi é caratterizzato solo da un semplice gadget per poi aumentare gradualmente di anno in anno fino all'edizione del 2017 dove il monte premi complessivo raggiunge la strabiliante cifra di un milione di dollari.

Nel 1997 si ricordano le prime edizioni di: CPL (Cyber athlete professional league) dedicata soprattutto a competizioni di "Quake" e di "Counter Strike", per poi svilupparsi, con numerosi altri titoli; PGL (Professional Gamers League) che portò il torneo di Quake con il più alto numero di partecipanti, 1400 giocatori. Con PGL si ebbe il primo brand non endemico ad investire sull'eSports.

Nel 2000 si registra la 'conferma politica' dell'eSports tramite la nascita della KeSPA (Korean eSport Asociation), un vero ente politico facente parte del Ministero dello Sport, Cultura e Turismo della Corea del Sud, con compito di regolarizzare il fenomeno degli eSports con fine promozionale a livello internazionale. La KeSPA fa parte del Comitato Olimpico Coreano.

Anni bui:

fra il 2000 ed il 2010 si registra una vera e propria stagnazione dove presumibilmente, per motivi legati alle politiche commerciali, non vi sono avvenimenti degli di nota ed il fenomeno eSports sembrava essersi assestato e non in grado di crescere ulteriormente.

La consacrazione:

nel 2011 nasce "Twitch.tv", una piattaforma di streaming basata solo ed unicamente sui video games. "Twitch" fu il principale catalizzatore degli eSports, elevando repentinamente gli eSports ad un fenomeno globale. Qui assistiamo ad un nuovo boom mediatico tanto da attirare l'interesse di parternship esterne, portando uno sviluppo totale a 360 gradi del fenomeno eSportivo.

Nel 2013 nascono i primi riconoscimenti istituzionali esterni alla Corea, più precisamente, negli USA con l'assegnazione di borse di studio sportive per gli eAtleti. L'associazione di atleti sportivi con atleti eSportivi portò con sé clamore, ma fu il ponte principale che permise il riconoscimento dell'eSport come pratica sportiva. Da qui lo sviluppo fu esponenziale fino ad arrivare ad oggi con circa 47 università, dato in continua crescita, che presentano borse di studio per eAtleti.

Nel 2015 nasce la prima *eSports Arena* a Santa Ana, in Nord America, luogo utilizzato principalmente per l'allenamento degli eAtleti e prende vita l'idea di professionismo e di allenamento legato alla pratica eSportiva.

Da questo momento in poi la crescita del fenomeno è esponenziale da ogni punto di vista:

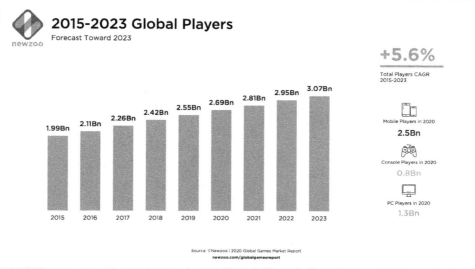

Figura 1 newzoo global player

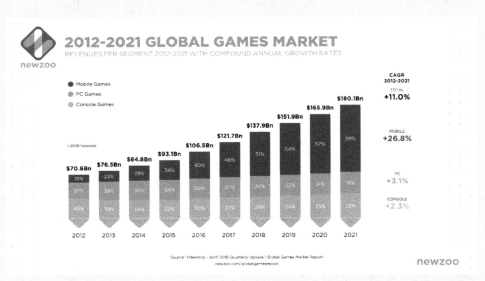

Figura 2 global games market

La Corea, motore trainante della professionalità del mondo eSportivo, non è in testa nel settore economico che vede le quote mercato suddivise tra Nord America (37%), Cina (19%), Corea (6%) ed il resto del mondo (38%).

L'ESPORT PUÒ ESSERE DEFINITO SPORT?

La pratica sportiva esiste fin dagli albori dell'umanità e nel corso degli anni le civiltà hanno trasformato lo sport in grandi eventi collettivi ed organizzati, facendo crescere in maniera esponenziale quella che è l'importanza della manifestazione stessa sotto tutti i punti di vista. Per questo motivo, ha senso che l'ascesa della tecnologia e dei videogiochi abbia fatto emergere anche una scena agonistica nuova: lo Sport Elettronico, o, in breve, eSport.

Da quando esistono gli eSports, è stato messo in dubbio la validità del nome stesso e se queste competizioni video-ludiche siano in realtà definibili come attività sportive.

L'immagine stereotipata che si ha degli appassionati di videogiochi è quella di soggetti pigri e sovrappeso o di bambini e adolescenti con troppo tempo a disposizione. Tutto questo porta ad una visione degli eSports ben lontana da un'attività fisica, tanto da non poter essere considerati come delle vere e proprie discipline sportive dal pensiero comune.

Secondo il *Dizionario Merriam-Webster,* lo sport è definito come "una gara o un gioco in cui le persone fanno determinate attività fisiche secondo un insieme specifico di regole e competono l'una contro l'altra". Sebbene sembra calzare a pennello la definizione di sport per giochi come il calcio, pallavolo e la pallacanestro, la stessa definizione sottende anche le discipline che non sono così impegnative macroscopicamente dal punto di vista fisico come possono essere le corse automobilistiche, il tiro con l'arco e persino gli scacchi.

Poiché gli sport più popolari sono certamente impegnativi dal punto di vista fisico, si tende ad associare automaticamente lo sport ad un intenso sforzo fisico, ma la definizione assunta, oltre a richiedere un certo grado di competitività, non fissa dei parametri quantitativi su quanta e quale "fisicità" è richiesta prima che un'attività possa essere definita "sport".

Gli eSports di certo sono basati sulla competitività dello scontro e sono altresì caratterizzati da una specifica quanto circoscritta attività motoria, costituita dal movimento delle dita sulla tastiera ed il movimento del mouse, pari ad un uso specifico delle "fine motor skill".

La definizione di sport data dal Consiglio Europeo dello Sport è la seguente: "...tutte le forme di attività fisica agonistica o di giochi che, attraverso la partecipazione casuale o organizzata, mirano a utilizzare, mantenere o migliorare le capacità e le abilità fisiche, fornendo divertimento ai partecipanti e, in alcuni casi, intrattenimento per gli spettatori".

Questa definizione si aggiunge alla precedente apportando il concetto che le attività sportive debbano fornire divertimento ai partecipanti e intrattenimento per gli spettatori. Qui gli eSports giocano un ruolo da padrone come lo dimostrano le migliaia di atleti che partecipano ai tornei internazionali e i milioni di persone che assistono a queste competizioni che garantiscono un puro divertimento e intrattenimento per tutti.

Un esempio è dato dai "Campionati mondiali di League of Legends" (MOBA per pc), che dal 2 ottobre al 10 novembre del 2019 hanno registrato oltre 100 milioni di spettatori totali, con un picco di 44 milioni di contatti in contemporanea durante la finale.

Tradizionalmente gli eSports non vengono associati ad un'attività sportiva perché è pensiero comune che gli eAtleti stiano comodamente seduti tutto il giorno semplicemente a giocare. Anche se apparentemente può sembrare così, gli eAtleti si sottopongono ad allenamenti atti al miglioramento delle loro capacità, portando uno sforzo fisico e psichico che può essere paragonato per certi aspetti ad alcuni sport convenzionali (ne parleremo in maniera specifica più avanti nel paragrafo 'L'allenamento negli eSports').

Greg Fiels, un ex campione di "Starcraft II" (titolo RTS), ha dichiarato, in un'intervista del 2013, che la sua squadra si è allenata per dodici ore al giorno, tutti i giorni, e aveva solo uno o due giorni di riposo al mese.

Le squadre elitè mettono il focus non solo sull'allenamento delle abilità specifiche ma si esercitano anche a mantenere alti i livelli di concentrazione per ore e ore di gioco. Ovviamente, con il progresso degli sudi nel settore, si è evidenziato come una struttura di allenamento del genere porta inevitabilmente ad un drop-out o a burn-out, riducendo al minimo le carriere degli eAtleti.

Dal 2013 ad oggi l'organizzazione dell'allenamento si sta sempre di più affinando, mantenendo una macro-struttura organizzativa omogenea e similare a quelle degli Sport tradizionali per permettere una più razionale ed organizzata crescita dell'eAtleta.

Diverse definizioni di eSports lottano con la terminologia dualistica, al fine di classificare e distinguere eSports da altri sport più fisici: Jonasson e Thiborg (2010) definiscono gli eSports come un "concorso intellettuale" in totale contrapposizione alle "gare fisiche" che caratterizzano lo sport tradizionale.

Secondo Jan W.I. Tamboer (cfr. 1992) l'uomo deve essere analizzato secondo una visione dualistica, in cui il corpo è inteso come entità isolata dalla mente, come strumento, oggetto, o macchina che può essere manipolata e allenata, definendo l'immagine del corpo sostanziale. Tamboer contrappone questa immagine a quella del corpo *relazionale*, che si basa sul lavoro di Merleau-Ponty (cfr. 1962) che ha sviluppato un linguaggio non dualistico. Il corpo non deve essere inteso come un oggetto controllabile, definito come un'entità indipendente, separata da un'altra entità ('anima', 'mente', 'psiche', 'coscienza'). Il corpo come soggetto è viceversa intrinsecamente legato ad un ambiente significativo. Tutte le azioni umane sono incarnate. Non c'è un 'io' indipendente che si muove e controlla il fisico. La differenza tra arrampicarsi su un albero o pensare ad un albero, non è una questione tra fisico o non fisico, ma riguarda piuttosto le differenze nelle varie relazioni di significato che l'individuo idealizza e realizza.

Le implicazioni di questa teoria, nella prospettiva della definizione di Sport, e nel caso specifico dell'eSport, sono quelle secondo cui tra quest'ultimo e lo Sport tradizionale non ci sia nessuna differenza sostanziale. Non è l'azione fisica o non fisica ad essere l'ago della bilancia.

Naturalmente non si vuole affermare che le due pratiche siano la stessa cosa, ma che non è la fisicità lo snodo centrale della definizione di Sport e che non è corretto estromettere gli eSports dalla macro categoria Sportiva facendo esclusivamente riferimento a questo criterio.

ESPORTS IN ITALIA E NEL MONDO

In Italia l'avvio di questo settore è avvenuto intorno agli anni '80, ma la mancanza di sponsorizzazioni importanti, la burocrazia istituzionale, linee internet inadeguate e probabilmente una cultura sociale non predisposta, non ha ancora portato ad un'accettazione sociale ed istituzionale totale degli eSports nel suolo italiano:

Nel 2014, finalmente, qualcosa è accaduto in quanto è stata formata l'organizzazione "Giochi Elettronici Competitivi" o "GEC", settore sportivo di ASI, ente di Promozione Sportiva riconosciuto dal CONI, che ha iniziato ad occuparsi della regolamentazione del settore eSportivo: regolamenta e promuove come discipline Sportive gli eSport in Italia; diffonde ed insegna un corretto utilizzo dei videogame; fa crescere e sviluppare l'industria del gaming.

L'associazione culturale no-profit ITeSPA (ITalian eSPorts Association), fondata a fine 2015, con sede a Roma ha, da statuto, lo scopo di diffondere e far crescere la cultura video-ludica competitiva in Italia. Nell'aprile del 2016 ITeSPA dà vita all'area dedicata al gaming competitivo dal nome Sport Elettronici grazie all'accordo con l'Ente di Promozione Sportiva Msp (Movimento Sportivo Popolare Italia) riconosciuto dal CONI.

L'International eSport Federation (IeSF) è la Federazione internazionale, con rappresentanze in più di 40 nazioni, che ha lo scopo di regolarizzare e standardizzare l'attività sportiva per le competizioni video-ludiche in tutto il mondo.

Nel mese di settembre 2016, ITeSPA, riceve il riconoscimento quale membro da parte dell'IeSF, come rappresentante dell'Italia.

Sull'onda di questa escalation in ogni paese hanno preso forma delle scuole di formazione per i ruoli di arbitri, allenatori, analisti e commentatori degli eSports.

In questi ultimi anni stiamo inoltre assistendo alla nascita della struttura Federale legata all'eSport: Federazione Italiana Discipline Elettroniche o FIDE, ad ora il più grande network italiano di soggetti attivi negli eSports, riconosciuto internazionalmente da partner e Federazioni mondiali.

Le due associazioni, ITeSPA e GEC, nell'anno corrente, hanno unito le forze per dare vita a questa struttura federale; hanno concordato di intraprendere un cammino comune sul piano Istituzionale per poter avviare la procedura di riconoscimento quale Disciplina Sportiva Associata da parte del CONI.

La neonata FIDE potrà dunque contare sull'appoggio e il riconoscimento di IeSF, di Esports Europe ed ISNO, l'International Sport Network Organizzation.

Figura 3 logo FIDE

La Federazione Internazionale eSport (IeSF) è un'organizzazione globale che ha l'obiettivo di far riconoscere l'eSport come uno sport legittimo. Come funzioni principali, la IeSF ha il compito di fornire continuamente servizi, supporto e linee guida per la creazione di associazioni eSportive in tutto il mondo:

- creare norme e regolamenti a sostegno degli stake holder dell'ecosistema per uno scenario competitivo equo e pulito per gli eSport (come anche le leggi anti-doping);

- creare arbitri, manager e altri professionisti più qualificati attraverso l'International Esports Academy;

- ospitare il Campionato del Mondo di eSports dove gli eAtleti gareggiano in rappresentanza della loro squadra nazionale.

Secondo la Federazione Internazionale eSports, gli eSports sono ufficialmente accettati come vera e propria disciplina sportiva in più di 60 paesi. Recentemente, il

Consiglio Olimpico dell'Asia ha approvato l'adesione degli eSports ai Giochi Asiatici in Cina nel 2022.

L'ipotesi, inoltre, che gli eSports diventino disciplina Olimpica si fa sempre comunque più probabile, tanto che il CIO ne ha valutato l'inserimento già dalle Olimpiadi di Parigi del 2024. Una decisione che avrebbe potuto far storcere il naso a molti, ma che rappresenterebbe la definitiva ascesa di questo mondo.

LE ABILITÀ NELL'ESPORT

Le abilità sono definite dal Vocabolario Treccani come "la capacità di svolgere una particolare forma di attività (differisce dall'attitudine perché questa è originaria, naturale, innata, spontanea, mentre l'abilità è frutto della volontà, anche se può svilupparsi sul fondamento di una disposizione innata)"; più specificatamente in letteratura Sportiva, le abilità sono quel complesso di azioni che i nostri sistemi biologici riescono ad attuare con la maggiore efficacia, in termini energetici, meccanici e cognitivi.

Quando si parlerà di abilità quindi si parlerà sempre di capacità acquisite tramite la ripetizione organizzata e sistematizzata di protocolli di allenamento specifici, che portano o all'acquisizione od al potenziamento delle abilità stesse (processo di apprendimento).

Quando si parla di eSports si fa riferimento ad atleti o eAtleti di alto profilo e di conseguenza dovremo definire delle abilità specifiche che ogni atleta dovrebbe avere, per essere considerato tale in relazione, ovviamente, al modello prestativo della disciplina Sportiva presa in considerazione.

Sebbene non sia stata fatta alcuna ricerca quantitativa sugli Sport Elettronici, gli studi sui videogiocatori riassumono che le esigenze primarie per la performance eSportiva si basano principalmente su abilità cognitive.

"La necessità di una selezione rapida ed efficiente di informazioni quando si gioca ai videogiochi è particolarmente importante, perché i videogiochi tipicamente comportano un input visivo impegnativo che richiede una rapida coordinazione occhio-mano, riflessi rapidi ed un timing preciso. È fondamentale per il successo delle prestazioni dei videogiochi che i giocatori selezionino rapidamente le informazioni rilevanti e ignorino quelle irrilevanti." (Chisholm, Hickey, Theeuwes & Kingston 2010).

Questo tipo di richieste viene confermato anche da Appelbaum (2013), con un'estensione del concetto di abilità in tal senso: "il giocare videogiochi d'azione è stato collegato sperimentalmente ad una serie di miglioramenti percettivi e cognitivi. Questi benefici sono stati acquisiti attraverso un'ampia gamma di compiti

18

psicometrici e hanno portato alla teoria che l'esperienza dei videogiochi d'azione possa promuovere la capacità di estrarre prove statistiche dagli stimoli sensoriali. Tale vantaggio potrebbe derivare da una serie di possibili meccanismi: miglioramenti della sensibilità visiva, miglioramenti della capacità o della durata di conservazione delle informazioni nella memoria visiva o un uso strategico di livello superiore delle informazioni per il processo decisionale". (Applebaum, Cain, Darling & Mitroff 2013).

Di recente sono stati pubblicati numerosi studi che hanno come scopo quello di analizzare le possibili capacità che compongono la performance, descrivendo così in modo esaustivo quelle che sono le abilità legate all'eSports:

Velocità o rapidità di reazione:

Per velocità di reazione si intende la capacità di reagire il più velocemente possibile ad uno stimolo. Questo tempo di reazione dipende da numerosi fattori, che, molto probabilmente, non permettono di scendere al di sotto di un determinato valore limite che sta intorno ai 0.10s. Secondo Zaciorskij (1992) il tempo di reazione è costituito da cinque componenti fondamentali: l'arrivo del segnale (eccitazione) in un recettore; la trasmissione di questo al SNC; il passaggio dello stimolo nella rete nervosa e la formazione di un nuovo segnale effettore; l'input del segnale inviato dal SNC; l'eccitazione del muscolo che provoca un'attività meccanica in risposta allo stimolo originario. Dunque questa abilità dipenderà anche da fattori quali età, sesso, dominanza della mano sinistra o destra, visione centrale e periferica, pratica, stanchezza, ciclo respiratorio, tipi di personalità, esercizio fisico e intelligenza del soggetto (Dana Badau, Bilgehan Baydil and Adela Badau, 2018). La velocità di reazione è fondamentale perché sta alla base di qualsiasi espressione di rapidità, capacità fondamentale dell'eAtleta. Questa capacità, in letteratura, viene classificata in base allo stimolo a cui l'atleta è sottoposto: Tempo di Reazione Semplice (SRT) come una reazione prodotta da un singolo e semplice stimolo; Tempo di Reazione di Riconoscimento (RRT) comporta un processo cognitivo di selezione della risposta ottimale a più stimoli, e la risposta dipende dal tipo e dalla forma degli stimoli; Tempo di Reazione Cognitiva (CRT) consiste nell'identificare il significato degli stimoli, l'associazione e l'applicazione della conoscenza al fine di sviluppare una risposta cognitiva ottimale in accordo con la complessità dello stimolo (Dana Badau, Bilgehan Baydil and Adela Badau, 2018).

Negli eSports, generalmente, parleremo di movimenti di Reazione Semplice, ovvero quei movimenti "scarsi" di una piccola parte del corpo, come ad esempio la pressione di un tasto con le dita. Questo movimento verrà generalmente in risposta ad una situazione complessa, determinata dalle peculiarità delle attività sportive open-skill (McBride&Rothstein 1979), e quindi le velocità di reazione maggiormente usate saranno l'RRT e il CRT. Vedremo, dunque, che questa abilità dipenderà maggiormente da un'altra abilità di cui discuteremo in seguito: la percezione ed il processo di presa decisione. Anche se la velocità di reazione è una delle abilità più importanti per un eAtleta, da sé, non può essere definita come un presupposto fondamentale per definire una performance ottimale.

➢ *Abilità cognitive:*

Le abilità cognitive comprendono tutti i processi attraverso i quali un individuo percepisce, registra, mantiene, recupera, manipola, utilizza ed esprime informazioni e sono coinvolte in qualsiasi compito affrontiamo, dal più semplice al più complesso.

Possiamo ora elencare alcune delle abilità cognitive maggiormente utilizzate nell'eSport, di cui si ha evidenza scientifica da recenti studi:

Consapevolezza

della situazione e capacità inibitorie superiori: è una delle principali questioni in materia di videogiochi secondo Chisholm, Hickey,Theeuwes, Kingstone (2010) che, con i suoi studi afferma che i giocatori di videogiochi si comportano meglio con compiti che richiedono alti livelli di attenzione. Essi teorizzano che questo può essere dovuto alla loro capacità di ignorare la distrazione dovuta da fattori irrilevanti e concentrarsi su quelli rilevanti. Ad essa si associa anche quella che può essere definita come 'resistenza alla concentrazione', ovvero il mantenere il più a lungo possibile, livelli massimi di attenzione e di efficienza neuro-psicologica.

Attenzione condivisa:

si può definire come la capacità che ha il nostro cervello di rispondere a molteplici richieste dell'ambiente simultaneamente. Questa è un tipo di attenzione simultanea che ci permette di processare diverse fonti d'informazione ed eseguire con successo più compiti contemporaneamente. Tuttavia, la nostra capacità di soddisfare e di eseguire vari compiti in parallelo ha dei limiti: condividendo l'attenzione, le prestazioni o l'efficienza delle azioni intraprese simultaneamente si possono ridurre. Quando una persona ha difficoltà a soddisfare contemporaneamente le molteplici richieste dell'ambiente, si verifica un fenomeno noto come interferenza, dovuta dalla capacità del nostro cervello di elaborare solo una quantità limitata di informazioni. Tuttavia, la pratica e l'allenamento cognitivo possono migliorare la nostra attenzione condivisa e, di conseguenza, la capacità di eseguire più attività contemporaneamente, riducendo la possibilità d'insorgenza del fenomeno dell'interferenza. (cognifit.it)

Flessibilità cognitiva: può essere definita come la capacità del nostro cervello di adattare il nostro comportamento, pensiero ed azioni a situazioni nuove, cangianti od inaspettate. In altre parole, la flessibilità cognitiva è la capacità di capire che quello che stiamo facendo in quel particolare momento non funziona o ha smesso di funzionare e, quindi, dobbiamo adeguare i nostri comportamenti, pensieri ed azioni per adattarsi all'ambiente ed alle nuove situazioni. (cognifit.it)

Percezione: "in senso psicologico indica il nostro raccogliere nella mente la realtà esterna, per il tramite dei sensi" (Felice Perussia, 2013). La percezione è l'atto di distinguere, avvertire e conoscere; quindi non è mai solo registrazione passiva e neutrale, ma bensì l'attribuzione di un significato ad uno stimolo specifico successivamente ad un'analisi da parte dei nostri centri superiori. La percezione, dunque, viene dopo la sensazione, la quale si limita alla raccolta degli stimoli fisici tramite le nostre terminazioni sensoriali. Appelbaum et al. (2013) ha pubblicato uno studio che mostra che i giocatori di videogiochi d'azione (ad esempio FPS o MOBA) sono stati in grado di reagire a cambiamenti visivi più piccoli e più veloci rispetto ai non videogiocatori. Viene dunque spontaneo affermare l'importanza di un'efficiente percezione dei numerosi stimoli con i quali vengono bombardati durante una competizione. Essa può essere associata anche alla Scansione Visiva, ovvero la capacità di trovare attivamente le informazioni rilevanti nell'ambiente in modo rapido ed efficiente (cognifit.it).

Visione o Campo visivo: può essere definito come lo spazio in cui il sistema visivo può rilevare la presenza di stimoli, quindi, è caratterizzato da uno spazio ben delimitato. Il campo ci permette di percepire l'ambiente completo, sia frontale che la "periferia". Vedremo però che esso presenterà dei limiti funzionali e delle sezioni di campo ben definite:

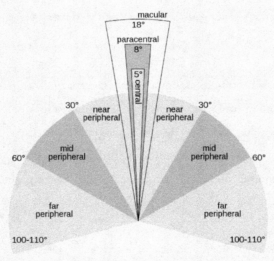

Figura 4 visual regions (wikipedia)

Osserveremo, nel paragrafo successivo, che l'attività video-ludica mal somministrata può portare deficit oculari portando ad una diminuzione del campo visivo e di conseguenza della prestazione stessa. Quindi noi andremo ad allenare, tramite esercizi specifici, la visione con obiettivi preventivi, di potenziamento e di mantenimento (cognifit.it). Da menzionare è l'importanza dei movimenti saccaridici degli occhi, parte integrante della visione, fondamentali per spostare ripetitivamente l'attenzione verso gli svariati imput a schermo.

Gli esperti in materia ritengono che l'allenamento attraverso gli eSports può essere un valido strumento, se opportunamente somministrato, per migliorare le capacità cognitive delle prestazioni sportive in genere (Campbell et al., 2018).

Azioni per minuto (action per minute, APM):

Nel contesto degli eSports si può definire 'azione' un clic sul pulsante del mouse o su un pulsante della tastiera. Ovviamente le APM sono caratterizzate dall'efficacia dell'azione, senza essa è una generica azione che non può essere usata come indice. Ad oggi non sono presenti ricerche significative che indichino che le APM si trattino effettivamente di un parametro reale della prestazione, tuttavia è universalmente considerata come una metrica utilizzata per giudicare la tecnica dei giocatori (Cheung & Huang, 2011).

Spesso le APM vengono utilizzate per testare la resistenza in un particolare lasso di tempo, in questo senso essa si baserà soprattutto su un'espressione di rapidità aciclica di motricità fine. (Boot, Basak, Erickson, Neider, Daniel, Simons, Fabiani, Gratton, Voss, Prakash, Lee, Low & Kramer, 2010, Tippett & Rizkalla 2013).

Destrezza manuale:

La destrezza manuale può essere considerata come l'unione delle capacità motorie fini e della coordinazione oculo-manuale:

Capacità motorie fini: sono tutto ciò che comprende il controllo e la coordinazione della muscolatura distale delle mani e dei piedi (Pitchford, Frontiers, 2013).

Coordinazione occhio-mano: può essere definita come la capacità che ci permette di eseguire le attività che utilizzano contemporaneamente gli occhi e le mani. Unisce la percezione visiva con l'azione delle mani per eseguire compiti di diversa complessità.

Analizzando la biomeccanica degli atleti eSportivi, nonostante l'attività viene normalmente praticata sedendo ad una scrivania per un lungo periodo di tempo, gli eAtleti dimostrano schemi di movimento altamente coordinati che permettono loro di mantenere un controllo molto preciso del loro personaggio, nel contesto del videogioco, e contemporaneamente vengono svolti numerosi compiti/azioni come attaccare, schivare, contro-attaccare e comunicare con i compagni.

Fino ad oggi, pochi se non nessun lavoro scientifico ha preso in esame le strategie motorie che i giocatori, di diverso livello, impegnano mentre giocano diversi titoli o anche diversi personaggi/ruoli all'interno del videogioco stesso.

Numerose misure biomeccaniche sono state utilizzate per migliorare i metodi di allenamento sia a livello professionale che amatoriale (Chatzitofis et al., 2013; Smith et al., 2015) per migliorare il feedback dell'eAtleta in modo che possa comprendere meglio le proprie capacità propriocettive, portando a modelli di movimento e prevenzione degli infortuni più efficienti (Bahr e Krosshaug, 2005).

Negli eSports c'è un potenziale estremamente interessante per quanto concerne l'acquisizione di movimenti 3D per porre in evidenza le meccaniche dietro le disparate azioni di gioco e questo permette agli allenatori di utilizzare tali informazioni per addestrare efficientemente il controllo del mouse/tastiera/console, in modo da migliorare la performance.

L'attività eSportiva fornisce un ambiente unico in cui sono richiesti studi biomeccanici particolari, per comprendere al massimo l'attività motoria legata a questa attività.

Capacità di anticipazione motoria e rapidità di anticipazione:

La capacità di anticipazione motoria permette di prevedere l'inizio, lo svolgimento e la conclusione di un'azione motoria organizzando quella che è una risposta specifica allo stimolo iniziale. È evidente, dunque, l'impegno psichico richiesto.

Tale capacità trae beneficio dall'analisi delle esperienze motorie precedenti e dalla loro ripetizione in allenamento ed il suo ruolo è di fondamentale importanza sia per le discipline Sportive, sia individuali, sia di squadra: nelle prime sarà maggiormente sollecitata l'anticipazione di gesti e situazioni relativamente noti; negli Sport o nei giochi di squadra, come negli eSports, sarà maggiormente chiamata in causa la capacità di anticipazione rispetto ad azioni e contesti non facilmente prevedibili (open skill). Chisholm, Theeuwes e Kingstone (2010) menzionano la capacità di anticipazione come un'esigenza per gli eAtleti e senza dubbio una delle abilità dominanti.

Per rapidità di anticipazione intenderemo il riuscire a prevedere, in base alla propria esperienza ed alla situazione attuale, le azioni dell'avversario, dei propri compagni e lo sviluppo del gioco stesso il più velocemente possibile.

Rapidità di presa decisione:

È la base fondante di ogni tipo di attività Sportiva open-skill dato che è essa che ci permette di attuare in maniera efficace la nostra performance. Da definizione è la capacità di decidere nel più breve tempo possibile l'azione più efficace tra quelle possibili.

Speed-accuracy trade-off:

La Speed-accuracy trade-off è definita in letteratura come la capacità di passare rapidamente da un obiettivo all'altro minimizzando l'errore di movimento tramite l'utilizzo di un click adattato nello schermo del computer (Fitts, 1954).

EATLETA - ATLETA DI ESPORT

Il modello prestativo può essere definito come l'insieme dei fattori che determinano la prestazione attraverso l'analisi e lo studio dell'attività di gara. Questo corrisponde allo studio ed all'analisi delle richieste fisiologiche, psichiche e meccaniche che l'atleta deve soddisfare durante la competizione. Quindi il modello prestativo è l'unità fondamentale che sta alla base della nostra programmazione che ci permette di organizzare ed orientare l'allenamento in base alle specifiche esigenze dell'atleta rispetto alla disciplina o specialità sportiva presa in considerazione.

Prima di parlare esaustivamente dell'eAtleta e di tutte le sue peculiarità, dovremo appunto, definire quello che è un modello prestativo generico degli eSports. Prendendo in considerazione le abilità sopra descritte, potremo formulare il seguente modello:

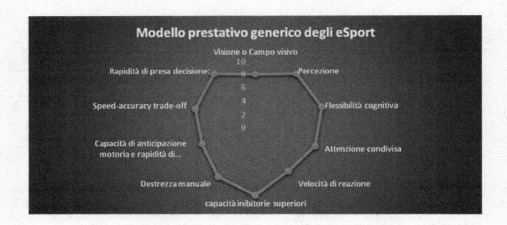

Il grafico indica quelle che sono le necessità primarie di un atleta di eSport. Ovviamente i punteggi assegnati alle abilità possono variare in base alla specialità sportiva che prenderemo in considerazione: un giocatore di Card games dovrà, sicuramente, presentare una destrezza manuale di molto inferiore rispetto ad un giocatore di MOBA.

Recenti studi sugli atleti di eSports hanno evidenziato come gli eAtleti sono esposti a sollecitazioni fisiologiche simili a quelle degli atleti delle più classiche discipline sportive.

"Siamo rimasti particolarmente colpiti sia dalle esigenze delle capacità motorie che dalle loro competenze. Gli atleti di eSports raggiungono da 200 a 400, fino ad 800 movimenti sulla tastiera e il mouse al minuto, otto volte di più rispetto alla persona media. L'intera espressione è asimmetrica, perché entrambe le mani vengono mosse contemporaneamente e varie parti del cervello vengono utilizzate contemporaneamente" (Ingo Froböse, 2016).

Si tratta di un livello di sforzo/stress che non si era ancora osservato in nessun altro Sport, nemmeno nei giocatori di tennistavolo, ai quali è richiesto un elevatissimo livello di coordinazione oculo-manuale.

Da un'osservazione superficiale si potrebbe ritenere che la prestazione degli atleti di eSports sia semplicemente legata ad un meccanico 'martellare' sulla tastiera e muovere un mouse.

Gli studi effettuati da Froböse contestano questa osservazione dimostrando che giochi come 'Counter Strike' o 'League of Legends' sono estremamente complessi, perché oltre alle capacità motorie richieste richiedono un alto grado di comprensione tattica per sviluppare una prestazione sportiva al massimo.

Un giocatore di eSports deve eseguire contemporaneamente azioni complesse, analizzando e rispondendo in tempi infinitesimali alle varie ed elevate quantità di stimoli al fine di creare un'azione fluida e coordinata, cercando di minimizzare la quantità di scelte errate che possono essere dannose per gli obiettivi desiderati (Ingo Froböse, 2016).

Le condizioni fisiologiche richieste per disputare un torneo o competizione eSportiva possono essere paragonate a quelle richieste per le competizioni Sportive tradizionali in quanto entrambe producono alti livelli di stress per il giocatore. Tuttavia, il tipo di stress prodotto è di natura ben diversa: gli eSports non richiedono un livello di sforzo fisico paragonabile ad altre discipline sportive, ma possono provocare uno stato psicologico di tensione che si traduce in un'importante alterazione del sistema nervoso autonomo. A dimostrazione di ciò, sono stati condotti test sui livelli di cortisolo, il principale ormone indicatore del livello di stress.

"La quantità di cortisolo prodotta è all'incirca dello stesso livello di quella di un pilota di auto da corsa. Tutto questo è combinato con una pulsazione elevata, a volte fino a 160-180 battiti al minuto, che equivale ai livelli di una corsa molto veloce, quasi come una maratona o uno sprint. L'intensa richiesta delle capacità motorie portano gli eSports a poter essere considerati impegnativi al pari delle più disparate discipline sportive" (Ingo Froböse, 2016).

Tutto ciò è stato confermato anche da più recenti studi dalle seguenti fonti: Schütz (2016) e Rudolf et al. (2019).

La repentina evoluzione ed affermazione degli eSports non è stata ancora seguita da un'adeguata preparazione sia da parte degli eAtleti professionisti che dalle istituzioni di medicina e medicina dello Sport, che non sembrano comprendere in pieno le richieste psico-fisiche a cui questi atleti devono far fronte. Recentemente, però, è stato formulato un modello del NYIT (New York Institute of Technology) sull'eSport secondo il quale il medico, di prassi un medico sportivo, è il contatto primario e il "guardiano" per il mantenimento di uno stato di salute ottimale. Tuttavia, il primo punto di contatto con un professionista della salute può essere anche un fisioterapista, un medico di squadra, un medico di base, un medico Sportivo o uno psicologo.

Questo modello si basa sull'unione di ogni singola disciplina che opera nella propria specialità attraverso una comunicazione interdisciplinare efficace.

In quest'ottica, dunque, è necessario che gli atleti di eSports debbano sottoporsi a visite medico sportive periodiche per prevenire problemi di salute e lesioni croniche da uso eccessivo, overuse, tipiche di questa attività. In letteratura si evidenzia come gli atleti professionisti di eSports subiscano infortuni fisici che mettono fine alla loro carriera prematuramente.

Figura 5 reported pain from eSports players

Queste lesioni sono paragonabili alle condizioni osservate nei lavori d'ufficio con il coinvolgimento, in aggiunta, di intense azioni manuali (manual dextery).

L'eSport richiede che i giocatori abbiano gli occhi fissi sullo schermo di un computer con un'eccessiva esposizione ai diodi luminosi (LED). Essi appaiono bianchi, ma questi hanno un picco di emissione nella gamma di luce blu (400-490 nm). Recenti ricerche hanno dimostrato che un'eccessiva esposizione a questo spettro di luce blu può creare danni alla retina e al fotorecettore.

Un'esposizione eccessiva può anche avere un impatto sul ritmo circadiano naturale modificando i livelli basali di melatonina, ormone regolatore dell'orologio circadiano. La limitazione del sonno porta una diminuzione dei tempi di reazione, della velocità di elaborazione (percezione) e l'elaborazione più lenta delle informazioni visive. Dunque questo porta a prestazioni visivo-motorie compromesse e quindi ad un calo di efficacia dell'atleta, mettendolo in una posizione di svantaggio competitivo.

Il "disturbo da deficit di esercizio fisico" è un termine utilizzato per descrivere livelli ridotti di attività fisica che non sono conformi alle raccomandazioni attuali in materia di salute pubblica, definito da meno di 60 min al giorno di attività. L'indagine proposta da Joanne Di Francisco-Donoghue, Jerry Balentine, Gordon Schmidt ed Halli e Zwibel ha dimostrato che più del 40% degli atleti eSportivi conducono meno di 60 min di attività fisica al giorno, rendendo così la sedentarietà uno dei principali fattori di rischio legati alla salute di un eAtleta. Ciò può portare a problematiche legate alla sedentarietà come obesità, trombosi venosa, patologie croniche, malattie mentali, scarse capacità motorie fondamentali e basso sviluppo cognitivo (Choi et al. 2018, Cunningham et al. 2018, Polman et al. 2018).

Le problematiche psicosociali nell'eSport sono disparate e possono produrre comportamenti che creano dipendenza, problemi di igiene personale ed ansia sociale.

Quindi il team che gestisce la salute dei giocatori di eSports deve affrontare una grande quantità di sfide legate alla salute. La prevenzione diventa uno degli obiettivi fondamentali per una prestazione eSportiva massima.

Figura6 eSports health team model

Attualmente, la NCAA (National Collegiate Athletic Association) non riconosce l'eSport come uno "Sport regolamentato", pertanto non esistono ancora standard codificati di gestione per la salute o infortuni richiesti per queste squadre; questo lascia alla scelta del singolo medico la valutazione della terapia e dei protocolli da somministrare.

Oltre ai fattori di rischio ed alla prevenzione, vedremo che gli eSports possono procurare benefici per la salute.

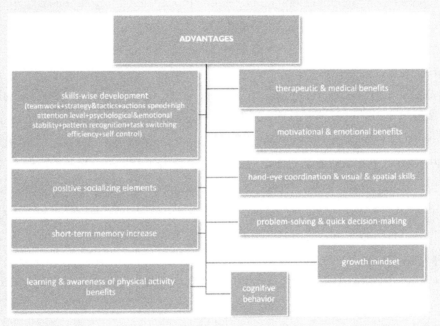

Figura 7 eSports health advantages

I principali benefici portati dalla pratica eSportiva provengono dalla routine che gli eAtleti seguono: esercizio fisico giornaliero, dieta sana ed equilibrata e un ritmo circadiano preciso sono i punti cardini per lo sviluppo ed il mantenimento di uno stato di salute ottimale.

Gli eAtleti sviluppano delle competenze auto-regolatorie e di monitoraggio per esprimere massimi livelli di concentrazione (Polman et al. 2018) ed essere sempre emotivamente stabili (Griffiths 2017, Hallmann & Giel.2018).

L'eSport stimola lo sviluppo delle abilità cognitive in toto (Polman et al. 2018) ed il raggiungimento di obiettivi di vita (Funk et al. 2018), tramite l'incremento di capacità sociali quali la resilienza, l'auto-efficacia e l'intelligenza emotiva.

Uno dei più noti benefici legati all'eSport è il miglioramento di un comportamento pro-sociale che contribuisce al loro benessere sociale (Griffiths 2010, Lee & Schoenstedt 2011, Khoo 2012, Griffiths 2017, Nielsen & Karhulahti 2017, Cunningham et al. 2018, Funk et al. 2018, Hallmann & Giel 2018) soprattutto tramite lo sviluppo della capacità di team-building (Khoo 2012, Hallmann & Giel 2018, Kadan et al. 2018).

I giocatori professionisti di eSport dimostrano anche una memoria a breve termine migliorata rispetto ai giocatori di videogiochi alle prime armi (Griffiths 2017); questi professionisti, vantano una maggiore capacità risolutiva dei problemi strategici (Khoo 2012, Griffiths 2017, Funk et al. 2018) ed una maggiore rapidità decisionale (Khoo 2012) sotto la pressione del tempo della competizione (Polman et al. 2018).

In quest'ottica viene messo in evidenza come il potenziamento dello stato di salute venga sviluppato principalmente sull'aspetto cognitivo e sociale.

Per ottenere una performance ottimale, l'eAtleta deve avere uno stato di salute fisica ottimale; l'attività fisica è il principale fattore preventivo e di potenziamento della salute al quale l'atleta di eSport deve appoggiarsi.

Quindi, come tutte le attività Sportive, se somministrata in maniera adeguata, l'eSport può essere una di quelle attività con la quale veicolare e potenziare la salute della popolazione.

ALLENAMENTO NELL'ESPORT

Con l'ascesa degli eSports e il continuo emergere di leghe professionistiche, si è registrata la necessità di sviluppare metodi e mezzi innovativi finalizzati allo sviluppo ed al supporto di tutti i fattori legati alla performance e alla salute.

Allo stato attuale pochi sono gli studi scientifici che permettono di connotare in maniera puntuale i processi fisici e cognitivi e le problematiche inerenti alle diverse specialità eSports e così pure i metodi specifici per allenare un eAtleta.

Un recente studio ha dimostrato che gli atleti di eSports si allenano in media tra le 3 e le 10 ore al giorno (Di Francisco-Donoghue et al., 2019) con una media di 5,28 ore al giorno (Kari et al., 2019). Una simile sessione di allenamento può essere caratterizzata da 3 o più ore in posizione seduta senza avere pause (Di Francisco-Donoghue et al., 2019).

Le risorse cognitive sono necessarie per imparare, allenare e consolidare specifiche abilità cognitive, che sono necessarie per costruire la competenza cognitiva o l'insieme di abilità degli atleti di eSports.

Una mente lucida, capacità cognitive ottimali e un sistema fisico funzionante possono costituire la differenza cruciale fra gli atleti di eSports di alto profilo.

Tutto questo mette in evidenza come siano necessari approcci preventivi e terapeutici per contrastare i problemi di salute e sostenere uno stato ottimale a lungo termine. In quest'ottica si stanno sviluppando degli approcci innovativi di allenamento diretti specificamente a livello cognitivo, fisico e mentale degli eAtleti.

Un sondaggio ha rivelato che il 55,6% degli atleti professionisti e di alto livello ritengono che l'esercizio fisico migliori le loro prestazioni eSports (Kari et al., 2019).

Al giorno d'oggi, gli atleti professionisti di eSport eseguono circa 1,08 ore di esercizi fisici in ogni seduta giornaliera di allenamento atti al miglioramento del loro stile di vita piuttosto che per migliorare le loro prestazioni (Kari et al., 2019). Tuttavia, uno studio contemporaneo ha dimostrato che ancora il 40% degli atleti di basso-medio livello eSports non partecipa ad alcuna forma di esercizio fisico o ha meno di 60 minuti di attività giornaliera indicando che l'esercizio fisico non è ancora nell'agenda quotidiana di ogni atleta eSportivo (Di Francisco-Donoghue et al., 2019).

I requisiti attuali e futuri di abilità nell'eSport richiederanno che gli atleti siano in forma, sani e competenti per poter esprimere il massimo livello di competizione. Quindi si può affermare che gli eSports richiedono un certo sviluppo delle competenze fisiche come elemento centrale della prestazione (Cunningham et al. 2018, Funk et al. 2018, Polman et al. 2018).

Per quanto riguarda l'allenamento cognitivo, oltre alla routine quotidiana di gioco, non esiste attualmente alcuna letteratura che discuta di potenziali approcci complementari di allenamento cerebrale, mentre esistono alcune indicazioni per l'allenamento mentale negli atleti di eSports (Nilsson e Lee, 2019).

Minimali anche le conoscenze sul tema degli approcci preventivi e terapeutici e dell'allenamento legato alla performance (frequenza, intensità, tempo e tipo di esercizi) per gli atleti eSportivi (Kari et al., 2019).

Ad oggi, tuttavia, non sono ancora note metodiche di allenamento specifiche per gli eSports fondate e scientificamente provate, ma comunque abbiamo degli aggiornamenti scientifici sempre più importanti. Oramai è stata confutata una vecchia credenza che vedeva lo stoop task come strumento utile per l'allenamento della capacità di inibizione (Adam J. Toth, Magdalena Kowal and Mark J. Campbell, 2019). Comunque, lo stoop task, è uno dei metodi più usati per andare a sviluppare la velocità di reazione (soprattutto la velocità di reazione di riconoscimento) e le capacità attentive dell'atleta.

Un approccio di allenamento promettente che potrebbe essere una parte utile di un modello di gestione della salute negli atleti di eSports è l'allenamento combinato fisico-cognitivo.

L'esercizio fisico può influenzare positivamente il funzionamento cognitivo innescando diverse vie e meccanismi metabolici cerebrali (Thomas et al., 2012; Hötting e Röder, 2013; Voelcker-Rehage e Niemann, 2013; Bamidis et al., 2014; Erickson et al., 2015; Ballesteros et al., 2018; Netz, 2019).

L'esercizio aerobico aumenta i livelli sierici di BDNF (Vaynman et al., 2004; Knaepen et al., 2010; Lafenêtre et al., 2010; Huang et al., 2014). Il BDNF è un mediatore cruciale della neuroplasticità indotta dall'esercizio fisico e l'entità del suo aumento sembra dipendere dall'intensità dell'esercizio (Cotman e Berchtold, 2002; Huang et al., 2014). Ulteriori fattori di crescita che potrebbero facilitare gli effetti dell'esercizio aerobico sulla neuroplasticità sono l'IGF-1 e il fattore di crescita endoteliale vascolare (Trejo et al., 2001; Voss et al., 2013; Maass et al., 2016).

La letteratura Sportiva attesta che l'esercizio fisico influisce sui sistemi dei neurotrasmettitori (Lista e Sorrentino, 2010); l'esercizio aerobico può anche aumentare la perfusione cerebrale portando ad un maggiore apporto di ossigeno e nutrienti e quindi ad una maggiore funzionalità (Hötting e Röder, 2013; Maass et al., 2016). L'allenamento aerobico, tramite il potenziamento di particolari parametri fisiologici e funzionali come l'aumento della capacità funzionale cardiaca, diminuendo la frequenza cardiaca a riposo, può andare a migliorare quelle che sono le capacità di concentrazione, manual dexerty e controllo delle capacità inibitorie superiori a parità di frequenza cardiaca.

L'allenamento della forza può creare modificazioni a livello cerebrale attraverso, ad esempio, l'aumento della produzione di IGF-1 (Cassilhas et al., 2007; Vega et al., 2010), oltre che andare a migliorare le strutture di sostegno e prevenire gli infortuni.

L'esercizio fisico ha una scarsa correlazione diretta con l'attività motoria specifica che troviamo negli eSports, ma i benefici indiretti che esso porta, può, ipoteticamente, generare un potenziamento della performance eSportiva significativo. La stimolazione che sia fisica o cognitiva deve cercare, comunque, un tasso di specificità il più affine possibile alla performance eSportiva per generare dei benefici più significativi possibili.

L'esercizio fisico facilita i processi neuro-plastici mentre l'esercizio cognitivo guida i cambiamenti plastici stessi (Fissler et al., 2013; Bamidis et al., 2014).

Le componenti fisiche e cognitive devono essere presenti simultaneamente per ottenere il miglior risultato dall'allenamento (Fissler et al., 2013). Citando Herold: "l'incorporazione dei compiti cognitivi nei compiti motori, piuttosto che

35

l'addestramento separato ed indipendente delle funzioni cognitive e fisiche, è l'approccio più promettente per migliorare efficacemente la riserva cognitiva (capacità potenziale di miglioramento del sistema)" (Herold et al., 2018).

Dunque è interessante analizzare in quest'ambito gli "exergames", giochi singoli o multiplayer controllati da movimenti del corpo fisicamente attivi (Oh e Yang, 2010; Mueller et al., 2016). Gli exergame, noti anche come giochi basati sul movimento (Isbister e Mueller, 2015), i "videogiochi attivi" (Biddiss e Irwin, 2010) o i "giochi da sforzo" (Mueller et al., 2016), possono essere giocati in diverse impostazioni; in genere, sono descritti da un giocatore che interagisce fisicamente con una tecnologia di controllo basata sul movimento di un device di collegamento davanti ad uno schermo, visualizzando uno scenario di gioco virtuale.

Oltre agli ambienti di exergame virtuali, troviamo anche scenari di exergame che, analogamente ai classici giochi Sportivi, possono essere giocati nello spazio fisico con ausili tecnici opzionali (ad es. ostacoli fisici o dispositivi) e quindi fare completamente a meno della classica impostazione dello schermo-giocatore (ad es. Segura et al., 2013).

Figura 8 example of exergame for empowering balance

È stato dimostrato che gli exergame stimolano effetti sulle funzioni cognitive, ad esempio, funzioni esecutive, attenzione e abilità visuo-spaziali (Staiano e Calvert, 2011; Best, 2015; Benzing et al., 2016; Mura et al., 2017; Stojan e Voelcker-Rehage, 2019; Xiong et al., 2019), fisiche, come ad esempio, spesa energetica, frequenza cardiaca e attività fisica (Staiano e Calvert, 2011; Sween et al., 2014; Best, 2015; Kari, 2017) e mentali, come l'interazione sociale, l'autostima, motivazione ed umore (Staiano e Calvert, 2011; Li et al., 2016; Joronen et al., 2017; Lee et al., 2017; Byrne e Kim, 2019).

In generale, gli exergame sono molto noti per la loro combinazione ludica di compiti fisicamente e cognitivamente impegnativi e forniscono quindi una formazione a doppio dominio, il che presenta maggiori effetti rispetto ai tradizionali approcci formativi (Schättin et al., 2016; Ballesteros et al., 2018; Egger et al., 2019; Stojan e Voelcker-Rehage, 2019).

Nel contesto eSportivo, nonostante l'incredibile potenzialità, gli exergame non sono ancora utilizzati o valutati come potenziali strumenti di allenamento.

Key Influencing Component	Exergame Training & Design Requirements		Potential Positive (Component-Specific) Effects on....
Physical	• Endurance, strength, motor and stretch training • Full-body functional movements • High Intensity Interval Training • Active relaxation training such as yoga and breathing exercises	Simultaneously vs. sequential — Coupled vs. uncoupled — Distribution of training components determines training focus	• Gaming performance (e.g., information processing, executive and attentional functions, perception, and visuo-spatial skills • Lifestyle (e.g., counteract sedentary behavior) • Musculoskeletal system (e.g., holding musculature of neck and trunk) • Balanced physical strain • Mental strength (e.g., counteract depression and burn-out) • Self-esteem and bodily security • Gaming behavior (e.g., counteract effects of addictive behavior such as loss of reality and social isolation)
Cognitive	• Multisensory stimulation: audio-visual, haptic, proprioceptive level • Game tactics and strategies		
Mental	• Digital/virtual detox: exergaming in the physical space • Simulation of mentally challenging situations • Psychophysiological and psychosomatic training		

Figura 9 Summary of avenues for the development of eSports-specific exergame concepts and the effects of selected physical, cognitive and mental training as well as design components on eSports athletes' performance and health

Oltre a vari parametri di input fisici e di performance di gioco, gli exergame possono tenere traccia degli effetti dell'allenamento su specifici livelli di abilità o permettere di pianificare e analizzare le singole sessioni di allenamento. Pertanto, le caratteristiche centrate sul corpo degli exergame possono anche essere uno strumento di supporto per gli allenatori di eSport. Tuttavia, non tutti gli exergame disponibili in commercio possono essere utilizzati come ulteriore strumento di allenamento eSport; per poter fornire un beneficio per le prestazioni di gioco e la salute degli atleti di eSport, sono necessari dispositivi appositamente modificati o di nuova concezione ed efficaci, che sono co-progettati e valutati da un team

38

interdisciplinare di esperti dei settori di eSport, game design, ricerca, scienze motorie e scienza cognitiva così come psicologia.

L'allenamento eSportivo, comunque, non si limita solamente ad un allenamento motorio e cognitivo, la componente tattica e strategica, come la piena conoscenza del titolo e delle variabili presenti al suo interno, sono una parte fondamentale nell'allenamento dell'atleta eSportivo.

Ovviamente ogni titolo o, come abbiamo definito precedentemente, specialità eSportive presenteranno delle strutture di allenamento differenti in base alle esigenze specifiche (modello prestativo) che la specialità richiede.

Qui la foto andrà a rappresentare sinteticamente il contenuto generico di un percorso formativo a cui gli eAtleti possono essere sottoposti:

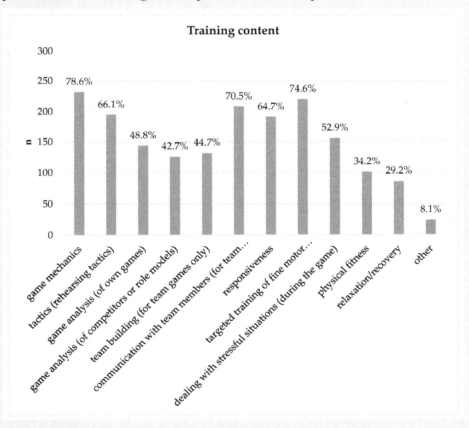

Figura 10 eSport general training content

Per le sue peculiarità intrinseche l'exergame piò essere considerato "il futuro" della preparazione eSportiva grazie alle sue caratteristiche che abbiamo descritto precedentemente.

La "vecchia" concezione di allenamento eSportivo si basava solo ed esclusivamente sul giocare il titolo: l'allenamento era caratterizzato da sessioni di gioco dalle 6 alle 12 ore senza pause. Non c'è da sorprendersi che la carriera dei vecchi eSportivi si concludeva intorno ai 22-24 anni, dovuto principalmente a problematiche drop-out e burn-out.

Negli ultimi anni, però, visto anche lo sviluppo del panorama eSportivo, la metodologia dell'allenamento in questo ambito si è evoluta, avvicinandosi sempre di più ad una struttura di allenamento degli Sport tradizionali: analisi del modello prestativo, goal setting, testing & monitoring, sono attività che, professionalmente, sono all'ordine del giorno.

La nuova concezione di allenamento per gli eSports ha portato all'affermarsi di Gaming House, luoghi deputati alla pratica della disciplina nel tempo libero in maniera professionale. Queste strutture sono un luogo nel quale i giocatori convivono per determinati periodi di tempo allo scopo di allenarsi insieme e migliorare la loro sinergia. All'interno delle Gaming House non sono presenti solo gli atleti, ma anche tutto il coaching staff.

Le Gaming Houses permettono un allenamento degli eAtleti efficace ed in presenza, eliminando tutti quei possibili problemi tecnici che possono verificarsi a causa della distanza. Ne trae vantaggio anche il coaching staff, i cui componenti possono lavorare in simbiosi, osservando ed analizzando direttamente i feedback prestativi, inter-personali e comportamentali degli atleti, generando così degli interventi specifici.

Da qui si evince l'incredibile importanza delle Gaming Houses, ma il costo elevato dell'organizzazione, al momento, lascia spazio solo ad una platea professionistica ed ai teams che competono ad elevati livelli; ad oggi la maggior parte delle competizioni ad alto livello prevedono strutture di allenamento alternative rinunciando a componenti fondamentali per una preparazione ottimale dell'eAtleta.

LE COMPETIZIONI DEGLI ESPORTS

Gli eSports, come gran parte delle discipline sportive, presentano al loro interno numerose specialità. Le specialità sportive sono rappresentate da titoli videoludici differenti sia per caratteristiche sia per il genere. Ogni specialità, di conseguenza, presenterà un'organizzazione delle competizioni nazionali ed internazionali differenti.

Generalmente le competizioni orbitano intorno ad un Campionato/Torneo Mondiale della specialità stessa: prendendo in considerazione il gioco "FIFA", in Italia non sono presenti dei tornei/campionati stabili, ma dei "one day licensed", ovvero dei piccoli tornei senza schedula ordinaria organizzati da ProGaming Italia come l'ESL Italy contender; per quanto riguarda la struttura internazionale tutte le competizioni sono organizzate secondo l'EA Sports Global Series.

Il Campionato Mondiale si gioca su due piattaforme, Xbox e Playstation, ed è costituito da una classifica dinamica a più step fino alla qualifica della "FIFA E-World Cup", l'ultima competizione che unisce tutti i classificati provenienti da tutto il mondo e da ogni piattaforma.

Un altro titolo che vanta ad oggi un elevato numero di player e competizioni associate é 'League Of Legends' (LOL). La sua fortuna è dovuta soprattutto alla sua enorme utenza e la struttura competitiva è molto più complessa: le competizioni nazionali sono praticamente presenti in ogni nazione (Polonia, Slovenia, Germania, Francia, UK, USA, Cina e Corea sono le più rinomate) e sono tutte organizzate in Single/Double round robin con la finale in presenza.

In Italia troviamo due campionati maggiori, l'"ESL Vodafone Championship" (ultima edizione svolta nel 2019) ed il "Personal Gamers National" (PG Nationals, campionato maggiore che tutt'ora è attivo).

Per LOL, per ciò che concerne competizioni internazionali, accanto al Campionato mondiale, è presente anche l'European Masters, Campionato Europeo che vede competere le vincitrici dei tornei nazionali maggiori di ogni nazione europea con un monte premi di circa 180 mila euro.

L'"European Masters' non è considerata la competizione più importante a livello europeo, a differenza della LEC (League of Legends European Championship), torneo che è considerato a tutti gli effetti il top delle sfide continentali.

Ogni stagione annuale è divisa in due divisioni, primaverile ed estiva, entrambe consistenti in nove settimane di torneo round-robin, che si concludono poi con i play-off tra le prime sei squadre. Alla fine della stagione il vincitore dello split estivo e il vincitore del gauntlet tournament si qualificano per il campionato mondiale annuale di League of Legends. La particolarità di questo campionato è che presenta un sistema a franchigie, identico a sport come l'NBA o NFL.

Le competizioni internazionali di LOL sono due: il "Mis Season Invitational" (MSI) ed il "League Of Legends World Championship". Il primo organizzato successivamente alla divisione primaverile (MSI) il secondo successivamente alla divisione estiva.

Entrambe le competizioni presentano un'organizzazione simile: le squadre che possono prendere parte a queste competizioni sono solo squadre che competono nelle massime leghe. Le cinque regioni "maggiori", quelle che presentano un livello competitivo elevatissimo, hanno la possibilità di far qualificare tre squadre dentro queste competizioni (EU, NA, Cina, Corea, Taiwan-Hong Kong-Macau), mentre le otto regioni "minori" (Brasile, Giappone, America Latina, CIS, Oceania, Sud Est Asia, Turchia e Vietnam) possono qualificare solo una squadra alle competizioni, le vincitrici dei rispettivi massimi tornei.

Successivamente alla qualificazione, sia l'MSI che i Worlds sono organizzati in play in, dove si scontrano tutte le leghe minori e le terze classificate alle leghe delle regioni maggiori, e group stages dove competono le prime due classificate ai campionati delle regioni maggiori più le tre squadre facente parte della regione che ha vinto l'edizione precedente, più le quattro squadre classificate successivamente in play in.

Il torneo prosegue con la struttura classica dei quarti di finali, le semifinali ed, infine, le finali.

Il Campionato del Mondo 2019 si è svolto dal 2 ottobre al 10 novembre 2019, in tre paesi e città europee: Berlino (Play-In & Groups), Madrid (Quarti di finale e semifinali) e Parigi (Finali). Le finali del Campionato del Mondo si sono giocate il 10 novembre 2019 tra FunPlus Phoenix della LPL e G2 Esports della LEC all'AccorHotels Arena di Parigi. Il FunPlus Phoenix ha vinto per 3-0 contro il G2 Esports, concedendo alla Cina e alla LPL i Campionati del Mondo di back-to-back, garantendosi la Summoner's Cup (*figura 11*) ed il monte premi di almeno 2.2 milioni di dollari circa.

Il format è un modello ricorrente negli ultimi tre campionati del mondo ed il montepremi mira ad eclissare la cifra record della stagione precedente (nel 2019 pari a 6,5 milioni di dollari).

Figura 11 Summoner's Cup

Un capitolo a parte va riservato a due aziende che operano brillantemente nel settore:

PG eSsports (Personal Gamers eSports) è un'azienda dedicata all'eSports del gruppo Fandango Club; questa è un "Tournament Organizer leader" sul territorio nazionale che conta da oltre 3 anni il più elevato indice di ascolti eSports sulla piattaforma Twitch. PG eSports vanta uno dei broadcast più importanti riguardanti contenuti internazionali relativi ai titoli del momento.

ProGaming Italia è una società specializzata nell'ideazione, gestione e organizzazione di tornei eSport ed eventi legati al mondo video-ludico; opera in Italia, Austria e Svizzera con il marchio ESL.

CAPITOLO II

ESPORTS E DISCIPLINE SPORTIVE

ESPORT E SPORT DI SQUADRA

Alcuni titoli eSportivi presentano una struttura molto simile agli Sport di squadra tradizionali, basandosi sul confronto tra due squadre che gareggiano unitamente verso un obiettivo comune, la vittoria della competizione.

Le dinamiche simili a quelle classiche si basano su un lavoro di squadra che prevede strategia, tattica, condivisione, coordinazione, abilità e compiti assegnati, comunicazione e coesione tra compagni della stessa squadra soprattutto quando siamo di fronte a team professionistici di eSports.

Himmelstein, Liu e Shapiro (2017) hanno identificato le dinamiche di squadra e la comunicazione come potenziali barriere per gli eAtleti nel raggiungimento di prestazioni ottimali. Questi atleti hanno bisogno di una comunicazione efficiente ed efficace per produrre una performance ottimale. L'intelligenza collettiva è stata identificata come un fattore predittivo delle prestazioni dei team di eSports (Engel et al., 2017).

Mentre i giocatori possono diventare altamente qualificati a livello individuale tramite un lavoro specifico in solitario, il lavoro di squadra deve prevedere interazioni sia 'online' che 'offline' per aumentare le prestazioni collettive (Freeman &Wohn, 2017).

Come in una squadra Sportiva tradizionale, le squadre eSportive richiedono competenze eterogenee dei giocatori, per cui in base alla suddivisione delle responsabilità, ogni giocatore contribuisce alla variabilità delle risorse della squadra.

È generalmente accettato che la coesione del team facilita la cooperazione tra i membri e contribuisce alla performance del gruppo, anche se i ricercatori non hanno ancora raggiunto un consenso sulla definizione di coesione, se non la comprensione di diversi elementi chiave del concetto, compresi il suo compito e le dimensioni sociali (Salas, Grossman, Hughes, &Coultas, 2015).

È stato identificato che una maggiore coesione migliori la prestazione di squadra in tutti gli ambiti (Chiu, Owens, &Tesluk, 2016; Dingsøyr, Fægri, Dybå, Haugset, &Lindsjørn, 2016; Falcão, Bloom, &Loughead, 2015; Salas et al., 2015; Thompson et al., 2015); ancora oggi non è stata formulata una definizione comune per coesione, ma possiamo identificarla come la comprensione di diversi elementi chiave del sistema, come il compito assegnato ad ogni singolo atleta e le dimensioni sociali dello stesso (Salas, Grossman, Hughes, &Coultas, 2015).

Per ottenere la vittoria, i membri della squadra devono collaborare, sostenersi a vicenda e a volte sacrificarsi per gli altri. Il senso di coesione del team è molto rafforzato quando i membri sentono di potersi fidare degli altri (De Jong, Dirks, & Gillespie, 2016).

La coesione del gruppo ha una rilevanza critica per le prestazioni del team soprattutto quando si lavorano in ambienti altamente stressanti e orientati al compito (Charbonneau & Wood, 2018), il che spiega perché questo elemento è un ingrediente tanto determinante per il successo delle squadre eSportive (Kozachuk, Foroughi, & Freeman, 2016).

Come già asserito la pratica eSportiva collettiva può essere usata come metodo per lo sviluppo psico-sociale degli atleti, proprio come negli sport di squadra tradizionali.

Diventa chiaro che per ottenere la massima prestazione, sono necessarie competenze sociali ed emotive che sostengano i membri della squadra sia online che offline.

ESPORT E SPORT INDIVIDUALI

Gli Sport individuali sono caratterizzati da una competizione di un singolo atleta, o al massimo di una coppia (anche se questo potrebbe cozzare con una visone stereotipata dello Sport individuale), che gareggia per se stesso cercando di prevalere sugli avversari aumentanto i personali limiti prestativi.

Nonostante la competizione sia condotta da un singolo individuo, vedremo che spesso ad esso, soprattutto ad elevati livelli, è associata una squadra composta da diversi atleti che hanno l'obiettivo di lavorare unitamente per migliorare il rendimento dell'atleta di punta.

Un aspetto che considera l'importanza della squadra in uno Sport individuale è quello emotivo dell'incoraggiamento, del sostegno morale, della coesione, dell'appartenenza durante l'allenamento e la gara. Un momento importante per la crescita dell'atleta di punta è quello che si scaturisce dal confronto agonistico con il/i compagno/i di squadra.

L'allenamento è e deve essere pertanto collettivo: insieme affrontano le fatiche dell'allenamento, insieme vivono le soddisfazioni del proprio miglioramento e del compagno/i nelle prestazioni e nella vita.

Per mezzo dell'allenamento di squadra l'atleta di punta vive e saggia la realtà della gara, si misura con essa, si prepara e si predispone anche emotivamente alla prestazione agonistica.

Tale struttura la troviamo in molti sport individuali quali gli Sport di endurance, gli sport da combattimento e anche alcuni eSport.

Un esempio già citato di competizione individuale è il titolo StarCraft II. Questa specialità Sportiva presenta delle strutture di allenamento molto evolute, dove tutto il team lavora per la preparazione del singolo atleta di punta all'evento. La presenza costate dei compagni permette di condurre allenamenti specifici volti alla conoscenza di particolari matchup, alla costruzione e alla prova di strategie nuove, oppure anche al generare condizioni stressanti al quale l'atleta di punta deve far fronte.

ESPORT E SPORT DA COMBATTIMENTO

Prima di parlare delle possibili analogie fra Sport da combattimento ed eSports, è necessario analizzare sinteticamente il profilo prestativo generico degli sport da combattimento.

Gli Sport da combattimento sono Sport individuali open-skill, basati sullo scontro diretto fra due atleti in una zona ben delimitata. L'ambiente imprevedibile, le tecniche esecutive del combattimento, rapide ed acicliche, e la caratteristica struttura a round definiscono un impegno metabolico massivo di tipo aerobico-anaerobico alternato.

Ogni specialità sportiva prevede degli impegni fisiologici e biochimici differenti, sbilanciando l'equilibrio in maniera più o meno accentuata verso un metabolismo anaerobico alataccido o lattacido. L'obiettivo è quello di allenare in maniera ottimale ogni sistema energetico perché ognuno di essi porta con sé dei benefici sinergici per una migliore prestazione:

La totale efficienza del sistema anaerobico lattacido porta ad una riduzione della produzione di acido lattico durante il combattimento ed anche al suo più veloce smaltimento;

Migliorare la funzionalità del sistema anaerobico alattacido porta un miglioramento dell'efficienza energetica muscolare legata principalmente all'uso rapido ed esplosivo dei fosfati energetici;

Il miglioramento del metabolismo aerobico va a potenziare le funzionalità cardio-respiratorie andando a ritardare tutte le sensazioni e le limitazioni legati alla fatica muscolare.

Oltre alle capacità condizionali, dobbiamo analizzare assolutamente anche le abilità cognitive che determinano fortemente una prestazione ottimale negli sport da combattimento.

Come detto, queste discipline sportive si basano su un combattimento dinamico dove gli atleti devono costantemente rispondere ad azioni e movimenti dell'avversario.

La prima abilità da analizzare è la velocità di reazione, elemento primario data la necessità degli atleti di rispondere ed adattarsi positivamente velocemente alle situazioni continuamente mutevoli.

Un elevato sviluppo di questa capacità può permettere una difesa efficace ad un attacco (ad esempio per reagire ad un pugno diretto di karate si impiega circa 242ms, Vences Brito, Rodrigues Ferreira, Cortes, Fernandes & Pezarat-Correia, 2011).

Il tempo necessario per formulare una risposta efficace è spesso più breve del tempo disponibile, il che significa che l'atleta dovrebbe idealmente anticipare il successivo movimento dell'avversario sulla base di informazioni anticipate.

La velocità di reazione è sì una capacità di spessore per la performance, sulla quale si basano tutti i movimenti rapidi durante il combattimento, ma non è la sola variabile che può preluderere ad un esito positivo di un combattimento.

Da qui si evince l'importanza dell'unione di tutte le abilità cognitive per produrre una performance ottimale: l'efficienza e l'efficacia di queste abilità permette all'atleta di leggere la situazione e di anticipare gli attacchi dell'avversario, pianificando una risposta, una parata, un anticipo o un contro-attacco adeguato ed efficace.

L'associazione di Sport da Combattimento ed eSports ovviamente non può essere proposta solo dal punto di vista di stress fisico ma anche dal punto di vista cognitivo: in entrambe le discipline gli atleti vengono bombardati da numerosi stimoli esterni che devono essere analizzati rapidamente e correttamente per poi dettare una risposta adeguata in tempi brevissimi.

Riuscire a mantenere la "mente lucida" per tutta la durata di un match o di una competizione è un prerequisito fondamentale per la generazione di una performance ottimale.

La performance sportiva si basa sulla capacità degli atleti di produrre e sostenere alti livelli di abilità fisiche, cognitive e tecniche durante le competizioni. Uno stato di stanchezza, sia fisica che mentale, può deteriorare queste abilità, quindi influenzare le risposte fisiologiche e le prestazioni sportive.

In questo contesto, la stanchezza mentale può essere definita come uno stato psico-biologico caratterizzato da sensazioni soggettive di "stanchezza" e "bassa energia", che può portare a riduzione della performance sia fisica che cognitiva. In generale, la fatica mentale si può manifestare sotto il punto di vista tecnico o cognitivo (ad esempio, prestazioni di precisione ridotta o tempi di reazione più lenti), e fisiologicamente (ad esempio, ridotta attività cerebrale).

La stanchezza mentale cambia la regolazione fisiologica, in particolare l'attività del sistema neuroendocrino. È stato ipotizzato che il corpo debba mobilitare risorse energetiche aggiuntive per affrontare situazioni che richiedono una maggiore sforzo cognitivo. Questo sforzo maggiore stimola il sistema nervoso simpatico, come determinato dalla misurazione della variabilità della frequenza cardiaca, e dell'asse ipotalamo-ipofisi-surrene, determinato dalle concentrazioni di cortisolo nel sangue e nella saliva. I soggetti mentalmente affaticati presentano prestazioni inferiori sia in esercizi aerobici prolungati che in esercizi di resistenza isolata. Inoltre, la destrezza manuale, le prestazioni tecniche e lo speed accuracy trade-off sono compromessi dalla fatica mentale a differenza delle prestazioni fisiche ad alta intensità che ne sono inversamente influenzate (Bruno T. Campos, Eduardo M. Penna, Joaῦo G.S. Rodrigues, Thiago T. Mendes, Andrέe Maia-Lima, Fabio Y. Nakamura, Erica L.M. Vieira, Samuel P. Wanner e Luciano S. Prado, 2019).

Quanto asserito determina un'affinità fra sport da combattimento ed eSport, tanto da poter ipotizzare che si possano utilizzare metodologie di allenamento simili e/o sinergiche in entrambi gli ambiti.

ALLENAMENTO COGNITIVO NEGLI SPORT DA COMBATTIMENTO

Le prestazioni negli Sport da Combattimento sono ampiamente studiate dal punto di vista fisiologico, biochimico e biomeccanico. Tuttavia, gli atleti professionisti di Sport da Combattimento si differenziano dai principianti anche per le loro capacità cognitive.

Come descritto nei paragrafi precedenti, le abilità cognitive sono il pivot centrale delle performance a livelli massimi, indicando la differenza fra un campione ed un buon atleta. Data l'importanza di queste abilità è alquanto sorprendente che siano di solito addestrati utilizzando metodi basati sull'esperienza dell'allenatore piuttosto che su metodologia e proposte dettate dalla ricerca scientifica (Óscar Martínez de Quel & Simon J. Bennett, 2016).

Come abbiamo descritto per gli eSports, anche negli Sport da Combattimento, il transfer maggiore avviene attraverso l'allenamento congiunto di abilità cognitive ed abilità fisiche, in questo caso tecniche specifiche. È ampiamente provato come si possa impostare un allenamento di tipo cognitivo generico nel periodo preparatorio (L.P. Matveev, 1972), sviluppando aspecificamente quelle capacità implicate nella performance, attraverso tecnologie e software di supporto, per poi, nel periodo agonistico (L.P. Matveev, 1972), approfondirle con un allenamento combinato fisico-cognitivo, cercando stimoli il più simili possibili a quelli che troveremo all'interno di una competizione.

La prima applicazione specifica è quella di allenare le diverse tecniche esecutive con la capacità di percezione, sottoponendo gli atleti agli stessi vincoli di un combattimento. Questo può essere ottenuto attraverso la competizione, lo sparring, gli esercizi di attacco-difesa, il sovraccarico del sistema percettivo con due attaccanti contro un difensore, indossando occhiali stroboscopici (Óscar Martínez de Quel & Simon J. Bennett, 2016) o usando applicazioni di supporto o training lights.

Nello specifico, per esempio, gli occhiali stroboscopici hanno lo scopo di creare un'occlusione visiva cercando di stimolare processi cognitivi accessori per riuscire a visualizzare comunque l'ambiente e la situazione in maniera efficace. Ciò porta ad un potenziamento della rapidità di anticipazione e della rapidità di presa decisione, migliorando le capacità di lettura e predizione dei movimenti dell'avversario.

In letteratura sono presenti diversi studi che hanno evidenziato l'efficacia di metodiche con esercitazioni con l'ausilio di video ad hoc video-based per migliorare le capacità percettivo-cognitive degli atleti in molti sport (Larkin et al., 2015). Queste metodiche si basano sul far visionare al nostro atleta un video modificato su un grande schermo. Le immagini possono essere usate per creare occlusione visiva od occlusione temporale, ovvero far vedere un video tagliato all'atleta, il quale dovrà prevedere l'esito dell'azione visionata nel display.

In quest'ottica molte ricerche hanno messo in evidenza come le esercitazioni proposte per migliorare l'anticipazione della risposta/gesto, somministrate attraverso l'ausilio di video mirati, hanno avuto un transfert positivo nelle prestazioni di gara soprattutto in ambito di risposta psicomotoria appropriata (Morris-Binelli & Muller, 2017).

Un'altra metodologia innovativa per l'allenamento cognitivo è la "tracciatura tridimensionale", "three-dimensional multiple object tracking, 3D-MOT, (Romeas, Guldner, & Faubert, 2016). Questa metodologia si basa sull'utilizzo di un software associato a diversi hardware (pc, schermi o visori di realtà virtuale), che ha lo scopo di sottoporre l'atleta a stimoli visivi specifici, un vero e proprio esempio di exergame. Questa metodica è stata sviluppata per allenare gli atleti nell'elaborazione di scene dinamiche che riflettono richieste cognitive durante la competizione, come ad esempio il tracciamento degli avversari e la rapidità di decisione.

I principali vantaggi di questa tecnica sono la semplicità di uso, flessibile nello svolgimento che permette di ottenere grandi guadagni con un minimo di tempo di allenamento e può essere adattato a molti sport od ambienti (Faubert, 2013; Harenberg et al., 2016; Hoke, Reuter, Romeas, & Mantariol, 2017; Mangine et al., 2014; Michaels et al., 2017; Romeas et al., 2016). Il 3D-MOT, nel contesto sportivo, viene associato spesso a motor-decision making task cercando una alta specificità e quindi un transfer ottimale. Esistono molte ricerche che descrivono l'uso di simulatori e realtà virtuale (VR) per praticare numerose abilità Sportive (e.g., Miles et al., 2012), però non si trovano delle evidenze dell'efficacia che questi device hanno sulla real-world performance, in quanto presentano un transfer limitato.

L'allenamento delle abilità percettivo-cognitivo-motorie in un ambiente VR può essere considerato complessivo man mano che gli atleti progrediscono e il successo dell'allenamento basato sul simulatore non è attribuibile al realismo fisico del simulatore, ma piuttosto alla capacità del simulatore di controllare gli stimoli in funzione delle prestazioni degli utenti, consentendo così un allenamento adattivo (Gray, 2017).

L'efficacia dell'allenamento delle capacità cognitive associata ad attività fisica è indubbia, ma al momento in letteratura non si trovano degli studi specifici per il mondo degli Sport da Combattimento che vadano a dimostrare la loro reale potenzialità.

CAPITOLO III

PROPOSTA DI ALLENAMENTO COMUNE

Date le possibili similitudini fra gli Sport da Combattimento e gli eSports, andremo a definire quelle che possono essere delle metodiche di allenamento che potranno essere usate in entrambe le discipline. Ovviamente quella che è una proposta identica di allenamento è utopica date le differenze strutturali e competitive.

OBIETTIVI DELL'ALLENAMENTO

Senza dubbio l'aspetto cognitivo è quello che accomuna maggiormente gli Sport da Combattimento e gli eSports e in questa direzione sarà rivolta la proposta comune. L'allenamento presenterà come obiettivo principale quello di sviluppare particolari capacità cognitive, inizialmente aspecificamente e successivamente associandole, in maniera più o meno specifica, ad abilità tecniche Sportive, cercando un transfer ottimale.

STRUMENTI DI ALLENAMENTO COGNITIVO

Esistono molte applicazioni che permettono di attuare allenamento cognitivo, noi andremo a descrivere solo le principali:

Cognifit.it: offre attività digitali scientificamente convalidate per misurare con precisione e stimolare le abilità cognitive di ciascun utente. Presenta test convalidati scientificamente per valutare 23 abilità cognitive, strumenti professionali per identificare le alterazioni cognitive mediante l'uso di valutazioni neuropsicologiche e permette il monitoraggio della valutazione delle abilità cognitive e comparazione dei risultati. Presenta giochi ed allenamenti cognitivi mirati per lo sviluppo delle capacità cognitive e della neuroplasticità. Dunque permette di andare a valutare le abilità cognitive per poi attuare allenamenti mirati ed adattati alle esigenze dell'utente. Questo metodo ha la sua principale applicazione sul campo riabilitativo e preventivo di patologie neurologiche, ma la sua struttura e i suoi allenamenti possono essere adattati facilmente anche per lo scopo di miglioramento della performance sportiva. Questo può essere usato sia in versione web, utilizzabile soprattutto tramite pc, che in versione app, scaricabile in tutti i dispositivi android e ios.

PsyToolkit.org: è un toolkit gratuito per la dimostrazione, la programmazione e l'esecuzione di esperimenti e indagini psicologico-cognitive. Tramite questo sito potremmo programmare esperimenti, allenamenti e poi raccogliere dati ed analizzarli. È possibile eseguire complesse indagini psicologiche e utilizzare più di 100 ricerche nella biblioteca dei sondaggi; se si utilizzano anche esperimenti psicologici cognitivi, è sufficiente copiarli dalla biblioteca degli esperimenti. Ogni esperimento presenta una sezione dedicata a link utili ed ai riferimenti scientifici legati all'esperimento stesso. Questo strumento è solo ed unicamente via web, tramite pc soprattutto.

Human Benchmark.com: è un sito che presenta test e giochi cognitivi per quantificare le abilità cognitive. Anche qui avremo la possibilità di acquisire dati, organizzarli ed analizzarli in maniera specifica per ogni utente. Il sito presenta test per la velocità di reazione, lo chimp test, un test di memoria di lavoro a breve termine, reso famoso da uno studio che ha scoperto che gli scimpanzé superano costantemente gli umani in questo compito; il visual memory test, l'hearing test, typing test per osservare quanto velocemente si riesce a digitare nella tastiera (coordinazione motoria fine); il test di memoria numerica e verbale ed, infine, l'aim trainer che consiste nel cliccare il più velocemente e più precisamente possibile i target che compaiono a schermo (questo test, quindi, testa la velocità di reazione associata alla coordinazione oculo-manuale). Anche questo strumento è solo ed unicamente via web e necessita, per la corretta somministrazione, di una tastiera ed un mouse.

Sensobuzz: è uno strumento ideato per la valutazione funzionale e l'allenamento sportivo, progettato e realizzato dal Prof. Salvatore Buzzelli. È un'applicazione adatta per tutti i sistemi android che permette di sottoporre all'atleta diversi stimoli visivi ed uditivi ai quali noi possiamo adattare diverse risposte motorie. Questa applicazione, molto malleabile, può essere usata per sviluppare numerose capacità coordinative, cognitive e condizionali, anche simultaneamente. Questo sarà uno degli strumenti di maggior rilevanza per andare a generare un allenamento con sviluppo di capacità simultanee fisico-cognitive.

PROPOSTE DI ALLENAMENTO

Come prassi consolidata i processi di apprendimento dovranno sempre passare dal semplice al complesso, dal facile al difficile, dall'aspecifico allo specifico.

Secondo l'obiettivo di allenamento, avremo delle proposte differenti da inserire in periodi della preparazione annuale diversi: prendendo in considerazione il Periodo Preparatorio (PP), sia parlando di eSport che di Sport da Combattimento, può essere applicato un allenamento generico per le capacità cognitive base attraverso applicazioni di supporto, come ad esempio Cognifit.it e PsyToolkit.

Dato che questa tipologia di proposta di allenamento si basa esclusivamente su movimenti di sistema di input come il click del mouse, il transfer sulla performance è sicuramente maggiore nell'ambito eSportivo che negli Sport da Combattimento, quindi è suggeribile inserire queste proposte all'interno delle prime settimane del PP per gli Sport da Combattimento, mentre negli eSports, in base al tipo di stimolazione, può essere protratto anche fino alla fine del PP (sia I° che II° PP).

In base alla classificazione proposta nel capitolo precedente, la velocità di reazione presenterà una progressione didattica ben precisa: prima dovremo sviluppare disponibilità variabile con la SRT, poi con la RRT ed infine sulla CRT.

Quindi nel PP dovremo sviluppare prima la SRT e poi la RRT ed infine nel Periodo Agonistico (PA) concentrarsi sul CRT. Anche in questo caso potremo ipotizzare una progressione didattica costituita inizialmente da allenamento della RRT al PC, caratterizzato da una risposta con movimenti di Reazione Semplice, per poi associare ad un singolo e semplice stimolo movimenti aspecifici di più segmenti corporei. La stessa progressione è applicabile anche alle altre velocità di reazione, ovviamente aumentando progressivamente la complessità sia dello stimolo che della risposta motoria, associando appunto tecniche sportive specifiche.

Data l'importanza di questa capacità ai fini di un'ottima performance in entrambi gli ambiti, risulta necessario andare ad organizzare un Tapering: generalmente, dati i lunghi tempi di recupero necessari per consolidare modificazioni neuro-muscolari e biochimiche successive ad allenamenti di rapidità. Il Tapering deve essere caratterizzato da circa 14gg, dove l'intensità deve rimanere sempre elevata ed il volume deve diminuire gradualmente per poi inserire una fase di carico massima pre-gara (overload-phase), cercando di far congiungere gli adattamenti a lungo termine con l'adattamento a breve termine dell'overload-phase, ottenendo un potenziamento massimo della performance.

Di seguito alcuni esempi pratici, prima dello sviluppo della RRT con movimenti aspecifici e poi con movimenti tecnici-specifici.

Attraverso la scelta dell'applicazione Sensobuzz® si avrà modo di generare dei protocolli di allenamento andando ad adattare la tipologia di stimolo, il tempo fra uno stimolo e l'altro ed il tempo di permanenza dello stimolo a schermo. A questo è possibile associare svariate risposte motorie dal semplice "toccare oggetti di colore corrispondente ai colori presenti a schermo" o "l'eseguire tecniche di pugno differenti in base allo stimolo". L'allenamento della rapidità deve essere inserito costantemente all'interno della programmazione dell'intera stagione. Gli studi mettono alla luce il fatto che se non viene data continuità al lavoro sulla rapidità si riscontra un effetto negativo su tutte le componenti neuro-muscolari, biochimiche e fisiologiche della rapidità stessa (Weinek Jürgen, 2009).

Prendendo in considerazione le potenzialità di neuro-plasticità dell'attività aerobica, trattate nel capitolo precedente, potremmo *ipotizzare* un particolare allenamento da proporre fra la parte finale del PP e nel PA: associare a stimoli aerobici, prima aspecifici e poi specifici, stimolazione cognitiva continua, anche qui dal semplice al complesso.

Dati i caratteristici adattamenti a livello neuronale dell'attività aerobica, l'inserimento di stimoli cognitivi durante l'attività aerobica stessa può, ipoteticamente, generare un potenziamento più marcato delle capacità cognitive. Questa ipotetica struttura opportunamente modulata ed adattata potrebbe essere proposta per diversi ambiti Sportivi ed in qualsiasi periodo di programmazione periodica (p.e. progetto per allenamenti particolari di forza ad alto tasso coordinativo sia inter che intra-muscolare). La cosa interessante di questa tipologia di allenamento è che migliora sia le caratteristiche aerobiche che quelle cognitive, oltre al parametro di "mental fatigue" che è trasversale a tutte le discipline. Un esempio pratico di ciò è stato riportato da Bradley Stulberg nella rivista 'Outside The Magazine' con un esperimento su 35 soldati che, successivamente al periodo di allenamento durato 12 settimane, coloro che erano sottoposti a stimolo aerobico al cicloergometro hanno visto un aumento della VO2max del 42%, mentre i soldati che erano stati sottoposti a stimolo aerobico associato a stimolo cognitivo (cliccare combinazioni di lettere su di uno schermo) hanno visto un aumento del valore della VO2max del 126%. Questo però è un case study pubblicato su di una rivista non ufficiale, di conseguenza la sua valenza scientifica non è molto rilevante, ma comunque può considerarsi come una buona base di partenza per studi futuri.

Un'altra proposta con un grande potenziale è l'allenamento basato sull'occlusione visiva, allenamento di grande valenza per lo sviluppo massimale della visione ed il campo visivo e delle capacità percettive (Jocelyn Faubert, Lee Sidebottom, 2012).

Uno strumento ad oggi utilizzato per questo obiettivo sono gli occhiali stroboscopici (Peter J. Fadde & Leonard Zaichkowsky, 2019). L'allenamento visivo stroboscopico (SVT, stroboscopic visual training) è uno strumento recente che mira a migliorare le prestazioni visive e percettive facendo sì che i soggetti svolgano attività con degli stimoli visivi intermittenti (occlusione visiva) (Luke Wilkins & Carl Nelson & Simon Tweddle, 2017).

L'occlusione visiva randomica che può generare gli occhiali, risulta come una stimolazione che può avere un potenziale allenante elevato. Però questi dispositivi hanno peraltro delle limitazioni evidenti: nel contesto dello Sport da Combattimento, usare uno strumento nella zona del volto può essere molto pericoloso per l'incolumità dell'atleta, a meno che non si adatti l'attività con delle particolari regole che tutelino l'atleta stesso.

Per quanto concerne il contesto eSportivo, gli occhiali stroboscopici possono essere dei mezzi con innumerevoli utilizzi, capaci di sviluppare potenziali proposte di allenamento durante tutto l'anno e per tutte le esigenze.

Un esempio specifico è l'uso di questo strumento durante una simulazione di una competizione.

ALLENAMENTO ESPORT

Dopo aver fatto tutte le dovute considerazioni e le dovute ricerche andrò a presentare quelli che possono essere degli allenamenti di tipo fisico a livello eSportivo:

➢ <u>Proposta aspecifica</u>: velocità di reazione specifica con risposta motoria aspecifica.

▪ *II° Periodo Preparatorio*: sviluppare le basi speciali dominanti della prestazione: sviluppo delle capacità cognitive associate a qualità fisiche.

o Fase iniziale: riscaldamento, 10'-15'

Il riscaldamento dovrà prevedere un'intensità crescente che porta ad un aumento graduale della Fc ed una disponibilità pedagogica all'allenamento. Dovrà essere globale e negli ultimi minuti dovremo inserire delle stimolazioni simili a quelle che useremo nella fase centrale, ma con intensità minore. Dovremo, dunque, attivare in maniera specifica i segmenti corporei che gli atleti useranno. Ovviamente il riscaldamento dovrà anche avvenire a livello cognitivo.

o Fase centrale: sviluppo dell'obiettivo dell'allenamento, rapidità, 30'-35'.

In questo caso andremo ad usare l'applicazione Sensobuzz® con il programma di allenamento Color; questo programma prevede la somministrazione di stimoli basati solo ed unicamente da 4 colori (rosso, blu, verde, giallo) che compariranno nello schermo in maniera randomica; questa applicazione è finemente regolabile permettendo tra l'altro di controllare il tempo che intercorre fra uno stimolo e l'altro ed il tempo di permanenza dello stimolo a schermo. In questo particolare periodo di allenamento, gli stimoli che somministreremo saranno nell'ordine del 0.9"-1.5" fra gli stimoli e di 200ms-300ms della permanenza dello stimolo a schermo; questa struttura di somministrazione è ipoteticamente sub-massimale intorno al 90% della capacità massima (ideale per questo periodo di preparazione per quanto riguarda la velocità di reazione e di rapidità). Per quanto riguarda la risposta motoria, come abbiamo già asserito, sarà aspecifica e si caratterizza unicamente nel toccare il più velocemente possibile un oggetto del colore corrispondente allo stimolo generato dall'applicazione. È consigliabile l'uso di entrambi gli arti per attuare la risposta motoria. Per quanto riguarda la somministrazione prevedremo 2 serie da 10' l'una con 30" di attività e 15" di riposo, prevedendo poi un riposo completo fra una serie e l'altra di 5'. Questa struttura di allenamento cerca anche di sviluppare la resistenza alla concentrazione a bassa intensità (l'intensità verrà definita dalla complessità e dalla frequenza dello stimolo). Durante questa esercitazione dovremo anche dare attenzione alla postura da mantenere. Parametro fondamentale da tenere sotto controllo è l'errore di esecuzione: prenderemo come valore indicativo ottimale dell'esercitazione il 90-95% delle risposte esatte; se gli errori salgono sopra il 10-15% sul totale l'esercitazione dovrà essere fermata. La quantità di errori è un parametro che può aiutarci, innanzitutto, a monitorare l'andamento dell'allenamento sia nel breve che nel lungo termine, inoltre ci aiuta a determinare un allenamento ottimale: se gli errori salgono troppo le motivazioni principali possono essere un affaticamento eccessivo o una perdita di concentrazione, entrambi fattori fondamentali per lo sviluppo delle capacità di cui l'allenamento si pone obiettivo.

Figura 12 esempio allenamento Sensobuzz

o Fase finale: defaticamento 10'-15'.

In questa fase dovremo prevedere un'intensità decrescente, per concludere l'allenamento con dello stretching statico cercando di ridurre al massimo le problematiche posturali legate all'attività eSportiva.

➤ <u>Proposta specifica</u>: condizionamento sotto stress aerobico.

▪ *Periodo agonistico:* le possibilità acquisite vengono ulteriormente sviluppate e realizzate nella gara: intensità, stimoli e movimenti più affini possibili alla performance.

o Fase iniziale: riscaldamento, 10'-15'

Anche qui il riscaldamento dovrà essere globale e prevedere un aumento di intensità graduale. Dato l'obiettivo dovremo cercare di alzare il più possibile la Fc prima dell'inizio della fase centrale, dato lo stimolo aerobico che andremo a somministrare. A questo associare anche una attivazione a livello cognitivo.

o Fase centrale: sviluppo dell'obiettivo dell'allenamento, resistenza anaerobica, 40'

Per questo esempio di allenamento prenderemo in considerazione il titolo di League Of Legends (LOL, MOBA su pc). LOL presenta delle competizioni caratterizzate da una durata che generalmente sta intorno ai 20'-40', con 3-4 picchi di intensità, che durano al massimo 1'-2'. Detto ciò, all'interno dell'allenamento, andremo ad attuare uno stimolo aerobico tramite il metodo ad intervalli intensivo, più precisamente utilizzeremo il metodo ad intervalli di breve durata intensivo al cicloergometro: dopo un opportuno riscaldamento, l'attività di resistenza si caratterizzerà di sprint al cicloergometro della durata di 10-15" l'uno; l'intera esercitazione prevederà 12 sprint organizzati in 3 serie composte da 4 ripetizioni l'una, con una pausa completa fra le serie di 5-6'. Questa metodologia non prevede delle pause di riposo fisse, ma si dovrà prestare attenzione alla *pausa vantaggiosa*, ovvero l'intervallo di tempo nel quale il nostro organismo torna ad una Fc di circa 120-140 battiti, pausa rigorosamente attiva. Solo una parte della pausa è vantaggiosa. L'intervallo di tempo della pausa vantaggiosa è variabile, oscilla sia a seconda della lunghezza della distanza percorsa o dal tempo dello sprint, che dallo stato di allenamento.

A questa metodologia associeremo sempre uno stimolo cognitivo ad elevata intensità: (p.e. League Of Legends, il titolo preso in considerazione è caratterizzato da stimoli 'principali' che si manifestano nel centro dello schermo e delle stimolazioni 'secondarie' che si manifestano in un riquadro piccolo posto nell'angolo in basso a destra dello schermo; dunque, durante lo stimolo aerobico, andremo a sottoporre un doppio stimolo visivo agli atleti -simultaneamente e non-nelle due regioni dello schermo sopra citate; secondo particolari combinazioni di stimoli presenti a schermo, gli atleti dovranno rispondere specificatamente attuando sequenze di tasti sulla tastiera posta di fronte a loro o toccando una precisa sequenza di colori.

Durante la *pausa vantaggiosa* la stimolazione cognitiva continuerà. Qui dovremo osservare quanto l'affaticamento cognitivo inciderà nel tempo della pausa vantaggiosa: se questa pausa supererà il 1-1.5', potremmo perdere parametri cardiocircolatori e metabolici che renderanno l'allenamento meno efficace. Tutti i parametri sono ipotetici, dovrebbero essere definiti successivamente ad opportuni test. Durante la pausa fra le serie, invece, sia lo stimolo aerobico che cognitivo si stopperanno, permettendo un recupero totale e completo.

La strategia scelta permetterà di acquisire dati fondamentali per la determinazione dello stato di allenamento dei nostri atleti. Il metodo ad intervalli intensivo permette di sviluppare anche capacità psico-pedagogiche che possono essere di supporto agli atleti per sviluppare: forza di volontà, capacità di superarsi, resilienza e capacità di adattarsi alle situazioni difficili.

o   Fase finale: defaticamento, 10'-15'

In questa fase dovremo prevedere un'intensità decrescente, per concludere l'allenamento con dello stretching statico cercando di ridurre al massimo le problematiche posturali legate all'attività eSportiva e cercando di potenziare al massimo i processi rigenerativi che si attiveranno durante il riposo.

ALLENAMENTO SPORT DA COMBATTIMENTO

Analogamente all'allenamento nel campo eSportivo, negli Sport da Combattimento possiamo trarre una proposta similare:

➤ Proposta aspecifica: velocità di reazione specifica con risposta motoria aspecifica.

▪ *II° Periodo Preparatorio:* sviluppare le basi speciali dominanti della prestazione.

o Fase iniziale: riscaldamento, 10'-15'

Il riscaldamento dovrà prevedere un'intensità crescente che porta ad un aumento graduale della Fc ed una disponibilità pedagogica all'allenamento; Dovrà essere globale e negli ultimi minuti dovremo inserire delle stimolazioni simili a quelle che useremo nella fase centrale, ma con intensità minore. Dovremo, dunque, attivare in maniera specifica i segmenti corporei che gli atleti useranno. Ovviamente il riscaldamento dovrà anche avvenire a livello cognitivo. cognitivo e coordinativo.

o Fase centrale: sviluppo dell'obiettivo dell'allenamento, resistenza lattacida, 15'-20'

Date le considerazioni fatte in precedenza, abbiamo visto che sia gli sport da combattimento che gli eSports presentano tempi di reazione molto simili, quindi in questo periodo di preparazione, potremo riproporre l'allenamento precedentemente descritto per gli eSports. Utilizzeremo l'applicazione Sensobuzz® con il solito programma di stimolazione (color, 0.9-1.5'', 200-300ms). la differenza sostanziale fra i due allenamenti è la postura da mantenere: ovviamente per quanto riguarda gli sport da combattimento, la risposta motoria dovrà essere eseguita in posizione di guardia. La somministrazione sarà organizzata in 4 serie composte da 3' di attività e 4' di riposo. Come nell'allenamento degli eSports, la velocità esecutiva dovrà essere massima, altrimenti lo sviluppo della rapidità non sarà ottimale.

o Fase finale: defaticamento, 10'-15'

In questa fase dovremo prevedere un'intensità decrescente, per concludere l'allenamento con dello stretching statico cercando di potenziare al massimo i processi rigenerativi che si attiveranno durante il riposo.

➤ Proposta specifica: velocità di reazione specifica con risposta motoria specifica.

▪ *Periodo agonistico:* le possibilità acquisite vengono ulteriormente sviluppate e realizzate nella gara.

o Fase iniziale: riscaldamento, 10'-15'

Il riscaldamento dovrà prevedere un'intensità crescente che porta ad un aumento graduale della Fc ed una disponibilità pedagogica all'allenamento. Dovrà essere globale e negli ultimi minuti dovremo inserire delle stimolazioni simili a quelle che useremo nella fase centrale, ma con intensità minore. Dovremo, dunque, riscaldare in maniera specifica i gruppi muscolari che gli atleti useranno. Ovviamente il riscaldamento dovrà anche avvenire a livello cognitivo e coordinativo.

o Fase centrale: sviluppo dell'obiettivo dell'allenamento, 20'

L'applicazione Sensobuzz® può essere associata all'attività motoria degli sport da combattimento in maniera molto più specifica rispetto agli eSports. Infatti, qui andremo ad associare ad ogni stimolo generato dall'applicazione, una tecnica esecutiva di attacco o difesa. Faremo l'esempio con l'attività del kumitè di karate: al colore rosso assoceremo un pugno diretto (oi seiken tsuki); al blu un calcio frontale (mae geri); al verde il cambio di guardia; al giallo la difesa media (chudan uke). Date le tecniche di pugno e di calcio prese in considerazione, andremo ad eseguirle con l'arto destro o sinistro in base al lato della guardia. La somministrazione degli stimoli e la durata dell'esercitazione, dato il periodo agonistico, dovranno essere il più simile possibile, se non identici, alla competizione. Di conseguenza andremo a condurre 4 serie composte da 3' di attività e 4' di recupero. L'obiettivo dell'allenamento è ovviamente lo sviluppo della capacità di rapidità, dunque non dovremo affaticare troppo il nostro atleta, dovrà essere sempre fresco per poter rispondere agli stimoli il più velocemente possibile e con una tecnica esecutiva perfetta. Gli stimoli si troveranno entro il range temporale di 1.8"-2.5", con una permanenza a schermo di circa 200-250ms. Dovremo porre massima attenzione al recupero osservando bene se è sufficiente: uno dei parametri da tenere sotto controllo è l'errore (valgono le stesse considerazioni fatte precedentemente nella sezione eSport).

o   Fase finale: defaticamento, 10'-15'

In questa fase dovremo prevedere un'intensità decrescente, per concludere l'allenamento con dello stretching statico cercando di potenziare al massimo i processi rigenerativi che si attiveranno durante il riposo.

Da notare che l'attività proposta per gli Sport da Combattimento il sistema multimediale prescelto Sensobuzz® potrebbe essere associato con un dispositivo di input collegato ad un colpitore.

Figura 13 Appearance USB One Position Plastic Foot Switch Fs1_P USB Medical Treatment

Con uno strumento del genere, adattato alle necessità specifiche, potremo avere un feedback diretto della tecnica eseguita dall'atleta. Questo permetterà di abbinare dati inerenti allo stimolo a quelli di una risposta tecnica dell'atleta (p.e. come un pugno diretto possa essere efficace e colpisca con la giusta forza il bersaglio).

Proposte in questa direzione potrebbero aggiungere dati ed analisi importanti per la modulazione di una programmazione dell'allenamento, migliorando, di conseguenza, la specificità dell'allenamento stesso.

IV. CONCLUSIONI

L'eSport è entrato oramai nella definizione di Sport professionistico, e come tutti gli Sport professionistici necessita di una programmazione ed una preparazione ottimale in tutti gli ambiti.

È nota l'importanza della preparazione fisica in ogni contesto Sportivo, tuttavia un sistema olistico di gestione della salute per gli atleti di eSports è ad oggi a dir poco carente. La figura del *preparatore atletico* è praticamente assente sebbene l'integrazione totale dell'attività fisica nella preparazione di eAtleti sia uno dei punti cardine che possono portare al successo un singolo atleta come di un intero team.

Un approccio formativo promettente e innovativo in questo ambito è l'exergaming, che combina l'allenamento fisico e cognitivo in un attraente ambiente di gioco e formazione.

Considerando il profilo prestativo e i principi fondamentali dell'allenamento in relazione ai requisiti specifici degli eSports si presume che gli exergame possano divenire un valido strumento per sostenere in modo olistico le prestazioni e la salute generale negli atleti di eSports.

Trasversalmente abbiamo osservato come l'approccio proposto per gli eSportivi potrebbe essere di ausilio per tutte quelle discipline Sportive, gli Sport da Combattimento in primis, dove si ha un impegno speciale dell'attività cognitiva. L'integrazione di allenamenti puramente a livello cognitivo o l'integrazione di stimoli cognitivo-fisici possono divenire un quid innovativo e performante per la preparazione fisica moderna. L'utilizzo di exergame in campo sportivo "tradizionale" è solo uno dei tanti metodi innovativi che possono sviluppare questo tipo di obiettivo.

Il mondo degli eSport è ancora agli albori ma di certo in crescita esponenziale; pochi sono gli studi scientifici direttamente correlati all'allenamento dell'eAtleta, ma sicuramente questo lavoro sarà per me la base di approfondimenti futuri in campo eSportivo alla ricerca di metodologie di studio mirate e probabilmente all'avanguardia.

BIBLIOGRAFIA

1. ....Adam J. Toth, Magdalena Kowal and Mark J. Campbell, 2019. The Color-Word Stroop Task Does Not Differentiate Cognitive Inhibition Ability Among Esports Gamers of Varying Expertise. *Front. Psychol.* 10:2852. doi: 10.3389/fpsyg.2019.02852.

2. ....Alexander Ferm & Simon Galle, 2011-2014. Testing e-sport athletes: A study on competitive gaming. THE SWEDISH SCHOOL OF SPORTS AND HEALTH SCIENCES.

3. ....Sousa A, Ahmad SL, Hassan T, Yuen K, Douris P, Zwibel H and DiFrancisco-Donoghue J (2020) Physiological and Cognitive Functions Following a Discrete Session of Competitive Esports Gaming. *Front. Psychol.* 11:1030. doi: 10.3389/fpsyg.2020.01030.

4. ....Anna Lisa Martin-Niedecken and Alexandra Schättin, 2020. Let the Body'n'Brain Games Begin: Toward Innovative Training Approaches in eSports Athletes. *Front. Psychol.* 11:138. doi: 10.3389/fpsyg.2020.00138.

5. ....Ari Happonen and Daria Minashkina, 2019. Professionalism in esport: benefits in skills and health & possible downsides. LUT University, LUT School of Engineering Science, LUT Scientific and Expertise Publications Project Report 90.

6. ....Bruno T. Campos, Eduardo M. Penna, João G.S. Rodrigues, Thiago T. Mendes, André Maia-Lima, Fabio Y. Nakamura, Érica L.M. Vieira, Samuel P. Wanner and Luciano S. Prado, 2019. Influence of Mental Fatigue on Physical Performance, and Physiological and Perceptual Responses of Judokas Submitted to the Special Judo Fitness Test, 2019 National Strength and Conditioning Association.

7. ....Dana Badau, Bilgehan Baydil and Adela Badau, 2018. Differences among Three Measures of Reaction Time Based on Hand Laterality in Individual Sports, https://www.mdpi.com/journal/sports ; doi:10.3390/sports6020045.

8. Daniel Bonnar, Benjamin Castine, Naomi Kakoschke, Gemma Sharp, 2019. Sleep and performance in Eathletes: for the win!. DOI: 10.1016/j.sleh.2019.06.007.

9. ....DiFrancisco-Donoghue J, Balentine J, Schmidt G, et al. Managing the health of the eSport athlete: an integrated health management model. BMJ Open Sport & Exercise Medicine 2019;5:e000467. doi:10.1136/ bmjsem-2018-000467.

10. ....Eli Brenner & Jeroen B. J. Smeets (2019) How Can You Best Measure Reaction Times?, Journal of Motor Behavior, 51:5, 486-495, DOI: 10.1080/00222895.2018.1518311.

11. ....Gabriele Russo, Giovanni Ottoboni, 2018. The perceptual – Cognitive skills of combat sports athletes: A systematic review, 1469-0292/ © 2019 Elsevier Ltd.

12. ....Giovanni Ottoboni, Gabriele Russo & Alessia Tessari, 2015. What boxing-related stimuli reveal about response behaviour, Journal of Sports Sciences, 2015 Vol. 33, No. 10, 1019–1027, http://dx.doi.org/10.1080/02640414.2014.977939.

13. ....Ivo v. Hilvoorde & Niek Pot (2016): Embodiment and fundamental motor skills in eSports, Sport, Ethics and Philosophy, DOI: 10.1080/17511321.2016.1159246.

14. ....Luke Wilkins & Carl Nelson & Simon Tweddle, 2017: Stroboscopic Visual Training: a Pilot Study with Three Elite Youth Football Goalkeepers; *Journal of Cognitive Enhancement* volume 2, pages3–11(2018).

15. ....Kari, T., Siutila, M., & Karhulahti, V.-M. (2019). An Extended Study on Training and Physical Exercise in Esports. In B. R. Dubbels (Ed.), Exploring the Cognitive, Social, Cultural, and Psychological Aspects of Gaming and Simulations (pp. 270-292). IGI Global. doi:10.4018/978-1- 5225-7461-3.ch010

16. ....Kevin Rudolf, Peter Bickmann, Ingo Fröböse, Chuck Tholl, Konstantin Wechsler and

Christopher Grieben, 2020. Demographics and Health Behavior of Video Game and eSports Players in Germany: The eSports Study 2019, International Journal of Enviromental Research and Public Health.

17. ....Mark Filchenko, 2018. A Comparison Between eSports and Traditional Sports, San Jose State University SJSU ScholarWorks, ART 108: Introduction to Games Studies.

18. ....Mark J. Campbell, Adam J. Toth, Aidan P. Moran, Magdalena Kowal, Chris Exton, 2018. eSports: A new window on neurocognitive expertise?, Progress in Brain Research, ISSN 0079-6123, https://doi.org/10.1016/bs.pbr.2018.09.006.

19. ....Martínez del Quel, Ó., & Bennett, S. J. (2019). Perceptual-cognitive expertise in combat sports: a narrative review and a model of perception-action. RICYDE. Revista internacional de ciencias del deporte. 58(15), 323-338. https://doi.org/10.5232/ricyde2019.05802.

20. ....Matthew A. Pluss, Andrew R. Novak, Kyle J. M. Bennett, Derek Panchuk, Aaron J. Coutts, Job Fransen, 2020. Perceptual-motor Abilities Underlying Expertise in Esports, Journal of Expertise Vol. 3(2). https://www.journalofexpertise.org.

21. ....Michael G. Wagner, 2006. On the Scientific Relevance of eSports.

22. ....Óscar Martínez de Quel & Simon J. Bennett, 2016. Perceptual-cognitive expertise in combat sport: fromscientific research to training. Revista de Artes Marciales Asiáticas, volumen 11(2s), 12-13, 2016.

23. ....Peter J. Fadde & Leonard Zaichkowsky (2019): Training perceptualcognitive skills in sports using technology, Journal of Sport Psychology in Action, DOI: 10.1080/21520704.2018.1509162.

24. ....Seth E. Jenny, R. Douglas Manning, Margaret C. Keiper & Tracy W. Olrich (2016): Virtual(ly) Athletes: Where eSports Fit Within the Definition of "Sport", Quest, DOI: 10.1080/00336297.2016.1144517.

25. ....Thomas Romeas, Romain Chaumillon, David Labbe´ and Jocelyn Faubert, 2019. Combining 3D-MOT With Sport Decision-Making for Perceptual-Cognitive Training in Virtual Reality.

26. ....Torgeir Dingsøyr, Tor Erlend Fægri, Tore Dybå, Børge Haugset, Yngve Lindsjørn, 2016. "Team Performance in Software Development: Research Results versus Agile Principles," IEEE Software, vol. 33, pp. 106-110, 2016. DOI: 10.1109/MS.2016.100.

27. ....Tuomas Kari, 2016. Do E-Athletes Move? A Study on Training and Physical Exercise in Elite E-Sports, International Journal of Gaming and Computer-Mediated Simulations Volume 8 • Issue 4, October-December 2016.

28. ....Ty J. Collins, "Psychological Skills Training Manual for eSports Athletes" (2017). Masters of Education in Human Movement, Sport, and Leisure Studies Graduate Projects. 49. https://scholarworks.bgsu.edu/hmsls_mastersprojects/49.

29. ....Wanyi Tang, 2018. Understanding Esports from the Perspective of Team Dynamics, The Sport Journal.

30. ....Weinek Jürgen, 2009. Calzetti e Mariucci, L'Allenamento Ottimale, Una Teoria Dell'Allenamento Basata Sui Principi Della Fisiologia Del Movimento, Con Particolare Riferimento All'Allenamento Infantile e Giovanile. Cap. 17, allenamento della rapidità, pag. 438.

31. ....Weinek Jürgen, 2009. Calzetti e Mariucci, L'Allenamento Ottimale, Una Teoria Dell'Allenamento Basata Sui Principi Della Fisiologia Del Movimento, Con Particolare Riferimento

All'Allenamento Infantile e Giovanile. Cap. 17, allenamento della rapidità, paragrafo "la velocità di reazione", pag. 457-461.

32. ....Weinek Jürgen, 2009. Calzetti e Mariucci, L'Allenamento Ottimale, Una Teoria Dell'Allenamento Basata Sui Principi Della Fisiologia Del Movimento, Con Particolare Riferimento All'Allenamento Infantile e Giovanile. Cap. 15, allenamento della resistenza, paragrafo "allenamento e cuore" pag. 182-183.

SITOGRAFIA

1. ....Cognifit.it, https://www.cognifit.com/it

2. ....Cognifit.it, https://www.cognifit.com/it/scienza/abilita-cognitive/pianificazione.

3. ....Cognifit.it, https://www.cognifit.com/it/scienza/abilita-cognitive/cambiamento.

4. ....Cognifit.it, https://www.cognifit.com/it/scienza/abilita-cognitive/width-field-view.

5. ....Cognifit.it, https://www.cognifit.com/it/scienza/abilita-cognitive/attenzione-divisa.

6. ....Corriere della Sera, 9 maggio 2020. Nasce la FIDE, la nuova federazione italiana per l'eSport. Nasce la FIDE, Federazione Italiana Discipline Elettroniche, dagli sforzi congiunti di GEC e ITeSPA. https://www.corrieredellosport.it/news/esports/industry/2020/05/09-69622463/nasce_la_fide_la_nuova_federazione_italiana_per_l_esport/.

7. ....Human Benchmark, https://humanbenchmark.com/

8. ....IeSF, Internstional eSports Federation. https://ie-sf.org/.

9. ....ITeSPA, Italian eSport Association, https://www.itespa.it/.

10. ....Jake Middleton. The importance of exercise training for eSports athletes. https://www.acer.com/ac/en/US/content/training-room-importance-of-exercise.

11. ....Martin Schütz, 2016. Science shows that eSport professional athletes are real athletes. https://www.dw.com/en/science-shows-that-esports-professionals-are-real-athletes/a-19084993.

12. ....Pescara news.net, 2019. eSports, numeri da capogiro per un settore che in Italia ha superato il milione di spettatori, https://www.pescaranews.net/notizie/attualita/24267/esports-numeri-da-capogiro-per-un-settore-che-in-italia-ha-superato-il-milione-di-spettatori.

13. ....PsyToolkit, https://www.psytoolkit.org/

14. ....Sensobuzz, http://www.salvatorebuzzelli.it/Senso%20Buzz.html

15. ....Tom Wijam, 2018. Mobile Revenues Account for More Than 50% of the Global Games Market as It Reaches $137.9 Billion in 2018, https://newzoo.com/insights/articles/global-games-market-reaches-137-9-billion-in-2018-mobile-games-take-half/.

16. ....Tom Wijam, 2020. Three Billion Players by 2023: Engagement and Revenues Continue to Thrive Across the Global Games Market, https://newzoo.com/insights/articles/games-market-engagement-revenues-trends-2020-2023-gaming-report/.

17. ....Wikipedia.it, Campo visivo. https://it.wikipedia.org/wiki/Campo_visivo.

18. ....Wikipedia.it, GEC, Giochi Elettronici Competitivi. https://it.wikipedia.org/wiki/Giochi_Elettronici_Competitivi.

19. ....Wikipedia.it, Sport Elettronici. https://it.wikipedia.org/wiki/Sport_elettronici.

www.ingramcontent.com/pod-product-compliance
Lightning Source LLC
La Vergne TN
LVHW081532050326
832903LV00025B/1747